Karl Reinhold von Köstlin

Über den Schönheitsbegriff

Karl Reinhold von Köstlin

Über den Schönheitsbegriff

ISBN/EAN: 9783744603539

Hergestellt in Europa, USA, Kanada, Australien, Japan

Cover: Foto ©ninafisch / pixelio.de

Weitere Bücher finden Sie auf **www.hansebooks.com**

VERZEICHNIS

DER

DOCTOREN

WELCHE

DIE PHILOSOPHISCHE FAKULTÄT

DER

KÖNIGLICH WÜRTTEMBERGISCHEN EBERHARD-KARLS-UNIVERSITÄT

IN TÜBINGEN

IM DEKANATSJAHRE 1877—1878

ERNANNT HAT.

BEIGEFÜGT IST:
ÜBER DEN SCHÖNHEITSBEGRIFF VON Dr. KARL KÖSTLIN.

TÜBINGEN
DRUCK VON LUDWIG FRIEDRICH FUES
1878.

Während des Decanats des Professors Dr. v. Köstlin 1877/78 wurden von der philosophischen Facultät in Tübingen zu Doctoren creirt

honoris causa am 10. August 1877 zur Feier des vierhundertjährigen Jubiläums der Universität:

1. Theodor von Gessler, Staatsminister des Kirchen- und Schulwesens des Königreichs Württemberg.
2. Adolf Graf von Schack, Grossherzoglich Mecklenburgischer Kammerherr und Legationsrath, Mitglied der K. Bayrischen Akademie der Wissenschaften in München.
3. Joseph Fiorelli, Direktor der Museen und Antiquitäten des Königreichs Italien.
4. Michael Amari, aus Palermo, Professor der orientalischen Sprachen in Florenz.
5. Gustav von Bockshammer, Oberstudienrath in Stuttgart.
6. Christian Friedrich von Leins, Oberbaurath, Professor am Polytechnikum in Stuttgart.
7. Heinrich Kraz, Professor am humanistischen Gymnasium in Stuttgart.
8. Gustav Gärtner, Dr. Med. et Chirurg. in Tübingen.
9. Eduard von Paulus, Finanzrath, Ehrenmitglied des statistisch-topographischen Bureau in Stuttgart.
10. Adolf Steudel, Obertribunalprokurator a. D., Mitglied des Staatsgerichtshofs in Stuttgart;

ausserdem

am 26. Juni 1877: Otto Scherzer, Professor, Musikdirektor der Tübinger Universität a. D.;
am 9. März 1878: Hans Michael Schletterer, Kapellmeister in Augsburg.

Erneuert wurden die Diplome der fünfzigjährigen Doktoren der Philosophie:

Ferdinand von Steinbeis, Präsident der Centralstelle für Gewerbe und Handel in Stuttgart, 5. Mai 1877;
Christian Heinrich von Nagel, Oberstudienrath, Rektor der Realanstalt in Ulm a. D., 26. Oktober 1877.

Von 35 Bewerbern wurden Folgende zu Doktoren ernannt:

1. Wilhelm Hermann Fleischfresser, aus Brüssow bei Prenzlau, Lehrer in Hamburg, 26. März 1877 (Geschichte).
2. Julius Köster, aus Diepholz, Lehrer in Iserlohn, 28. März (deutsche Litteraturgeschichte).
3. Eugen Baur, aus Bopfingen, Repetent im Kloster Schönthal, 21. April (Metaphysik).
4. Eduard Moll, aus Köln, Lehrer am Gymnasium in Buchsweiler, 11. Mai (alte Geschichte).
5. Ferdinand Tönnies, aus Oldenswort in Schleswigholstein, 19. Juni (Mythologie).
6. Friedrich Dobel, aus Augsburg, Gräflich Fugger'scher Archivar, 4. Juli (Geschichte).
7. Eugen Schneider, aus Stuttgart, Theol. Cand., 10. Juli (Ästhetik).
8. Alfred Katterfeld, aus Kurland, 10. Juli (Geschichte).

9. Johann Michael Zahn, aus Steinthal in Südafrika, Theol. Cand., 24. Juli (Geschichte der Philosophie).
10. Karl Borromäus Braig, aus Kanzach, Theol. Cand., 2. August (Ästhetik).
11. Otto Arndt, aus Hammelstall, Philolog. Cand., 6. August (Geschichte der deutschen Sprache).
12. Eberhard Emil Hermann von Georgii-Georgenau, aus Stuttgart, Privatgelehrter und Schriftsteller, 6. August (Geschichte).
13. Joseph Schmid, aus Dischingen, Theol. Cand., 6. August (Geschichte).
14. Julius Kärst, aus Gräfentonna, Philolog. Stud., 6. August (alte Geschichte).
15. Otto Badke, aus Jakobsdorf, Philolog. Cand., 21. August (alte Geschichte).
16. Sixt Paul Kapff, aus Dettingen, Theol. Cand., 22. Oktober (Geschichte der Philosophie).
17. Michael Geistbeck, Seminarlehrer in Freising, 8. December (Geschichte).
18. Heinrich Kábdebo, Beamter der ersten österreichischen Sparkasse in Wien, 16. Januar 1878 (Geschichte).
19. Arthur von Soden, Gymnasiallehrer in Tübingen, 26. Januar (indogermanische Grammatik).
20. Johannes Schermann, Gymnasiallehrer in Ellwangen, 26. Januar (alte Geschichte).
21. Leopold Wintner, aus Ungarn, Rabbiner, 9. März (israelitische Geschichte).
22. Johann Heinrich Gütte, aus Schmannewitz in Sachsen, Theol. Cand., 9. März (Geschichte der Pädagogik).
23. Wilhelm Hassbach, Lehrer in Köln, 9. März (Geschichte der Philosophie).

Dr. KARL KÖSTLIN
ORDENTLICHER PROFESSOR DER ÄSTHETIK

ÜBER

DEN

SCHÖNHEITSBEGRIFF.

Ἰσχυρίζεσθαι χρὴ τῷ ξυνῷ πάντων.
Heraclitus.

Ὃ πᾶσι δοκεῖ, τοῦτ' εἶναι φαμέν ... Πάντα φύσει ἔχει τι θεῖον.
Aristoteles.

INHALT.

		Seite
1.	Das Schöne im Leben; sein Verhältniss zum Wahren, Guten, Nützlichen, Angenehmen	1—16
2.	Das Schöne in der Wissenschaft; die verschiedenen Ansichten über dasselbe	17—19
3.	Die Schwierigkeiten der Definition des Schönheitsbegriffs	19—23
4.	Die subjektiv psychologische Natur des Schönheitsbegriffs	23—27
5.	Begriff und Umfang der Schönheit	27—32
6.	Die Formen der Schönheit mit Rücksicht auf Hegel und Vischer	33—44
7.	Gehaltsausdruck und Form in der Kunst	45—48
8.	Das Naturschöne	48—49
9.	Auseinandersetzungen mit Fechner, Carriere, Volkelt, Lotze	49—59
10.	Unwandelbar feststehende Aufgaben der ästhetischen Wissenschaft	59—60

Auf Seite 23 unten ist zu lesen S. 6 statt S. 16.

Im Leben ist man über den Begriff der Schönheit in wenig Zweifel und Streit. Man kann vielleicht keine logische Rechenschaft von ihm geben; man ist auch nicht immer einig über die Anwendung desselben im einzelnen Falle, der Eine findet schön, was dem Anderen wenig oder gar nicht gefällt, der Eine liebt diese, der Andere jene Farbe, der Eine zieht diese Gattung von Blumen und Gewächsen vor, der Andere jene, der Eine billigt in der Kunst dieselbe Richtung, die ein Zweiter nicht leiden kann; kurz das Urtheil über die Schönheit einzelner Dinge kann den grössten Verschiedenheiten, ja es kann bei demselben Menschen den mannigfaltigsten Wechseln und Wandlungen unterliegen. Nicht so verhält es sich mit dem Begriff der Schönheit selbst. Man weiss immer ganz wol, was man mit demselben will; man ist stets mit sich darüber im Reinen, was für ein Lob man einer Sache oder Person, die man schön nennt, mit diesem Worte zu ertheilen beabsichtige, desgleichen darüber, was man an einem Gegenstande auszusetzen habe, den man als unschön oder gar als hässlich bezeichnet. Man will mit Beidem ein Urtheil aussprechen über die Erscheinung des Gegenstandes; man will das eine Mal sagen, dass der Gegenstand, mag er nun sonst sein, was er wolle, nach der Seite seiner Erscheinung uns mehr oder weniger gefalle, uns Billigung, Beifall abgewinne, uns anziehe, das andre Mal aber, dass er durch Das was an ihm erscheint, Missfallen, Missbilligung, Unmuth in uns errege, abstossend auf uns wirke.

Man ist im Leben mit sich und Andern insbesondere darüber

durchschnittlich einverstanden, dass, wenn wir einen Gegenstand schön nennen, wir ihm damit etwas Anderes zusprechen, als wenn wir ihm z. B. die Eigenschaft, dass er wahr, gut, nützlich, angenehm sei, zuerkennen.

Wir können ein Bildniss wahr, wolgetroffen finden, aber vielleicht nicht schön, und zwar möglicherweise gerade insofern nicht, als es vollkommen wahr, d. h. ein ganz getreues Konterfei eines Menschen, aber eines unschönen Menschen ist. Wir werden allerdings einer gewissen Gattung von Wahrheit, nämlich der Wahrhaftigkeit, z. B. der Richtung eines künstlerischen Geistes auf wahre Darstellung der Dinge, der Fähigkeit eines Dichters das wahre Sein der Dinge von allem trügerischen Schein befreit herauszuerkennen und zur Anschauung zu bringen und ebenso auch der Wahrhaftigkeit des Charakters, die Anerkennung gewähren, dass sie zum Schönen, ja zum Schönsten gehöre, was es geben kann; wir bezeugen all dieser Wahrhaftigkeit nicht blos sittliche Achtung, sondern wir empfangen von ihr auch den erfreuenden Eindruck des Wolgefallens an der in ihr zu Tage tretenden durch nichts zu beirrenden Gediegenheit des Sinnes, welche beim blossen Schein nicht stehen bleibt und selbst nie blos scheinen will, sondern lediglich mit dem, was da wesenhaft und wirklich ist im Denken oder Handeln sich befasst. Aber wir werden uns darum doch hüten, blos Wahrhaftigkeit schön zu finden, wir werden sie nur als Eine der vielen Eigenschaften eines Menschen betrachten, welchem der Name schön zukommen kann; wir werden eine unzählige Menge von Dingen für schön erklären, denen wir das Lob der Wahrhaftigkeit gar nicht ertheilen können, weil es auf sie keine Anwendung findet, wie z. B. „schöne" Naturerzeugnisse aller Art, „schöne" Gebäude und was dergleichen mehr ist, und wir werden stets das Bewusstsein haben, dass, wenn auch Wahres zugleich schön sein kann, doch beide Begriffe nicht dieselben sind, dass sie zwar in keinem Widerspruche unter sich sind, aber auch nicht mit einander zusammenfallen.

In ähnlicher Weise verhält es sich mit dem Begriff des Guten. Güte ist gewiss schön; sie ist sittlich lobenswerth, und sie ist zugleich schön, weil in ihr Reinheit des Gemüths erscheint von aller Eigensucht, welche seine unendliche Empfänglichkeit für das Wol anderer Wesen beschränkt und seine aufrichtige Theilnahme an demselben trübt oder gar verfälscht. Aber es gibt noch anderes Schönes als das Gute; und selbst innerhalb des Guten ertheilen wir nur eben Dem, was wir „Güte" nennen, schlechthin den Namen des Schönen: wir unterscheiden ja eine „schöne Seele" sehr bestimmt von einem blos pflichtmässigen Charakter, d. h. von einem solchen, der noch nicht im Guten ganz harmonisch aufgeht, sondern zum Thun des Guten sich im Kampfe mit andersartigen Neigungen und Begehrungen erst bestimmen muss durch den Gedanken an die Pflicht; wo Herzensgüte ist, da reden wir von einer „schönen" Seele, weil da das Gute kampflos und unbehelligt durch irgend welches ihm fremde Element erscheint, oder weil da der Wille in voller Harmonie mit dem Guten sich darstellt; wo nur erst jene Pflichtmässigkeit ist, da erkennen wir nur erst die Möglichkeit zu wirklich schöner Seelenbeschaffenheit, obwol wir vielleicht, wenn sie mit ungewöhnlich grosser Aufopferung oder Selbstverleugnung vor uns tritt, bewundernd den Namen des Erhabenen und, wenn die Aufopferung und Selbstverleugnung mit Ruhe und Gelassenheit und ohne alles pathetische Wesen sich vollzieht, den des Erhabenschönen ihr zutheilen.

Auch vom Nützlichen, Brauchbaren, Zweckmässigen weiss man im Leben das Schöne sehr wol zu unterscheiden. Zwar gibt es auch in diesem Gebiet Einzelnes, dem wir die Eigenschaft, dass es schön sei, beilegen: das Nützliche in höherem idealem Sinne, das Tüchtige, finden wir schön, weil in ihm eine Kraft, eine Vollkommenheit der Persönlichkeit und ein harmonisches Verhältniss derselben zu den Aufgaben, die ein Mensch zu lösen haben kann, erscheint, die mitanzusehen unser Wolgefallen erregt; ebenso versagen wir dieses Wolgefallen und damit die Bezeichnung als schön Dem nicht, was wir zweckvoll nennen, d. h. der in klare Erscheinung tretenden allseitig zureichend durchgeführten sachgemässen Gliederung eines Bau's oder einer landschaftlichen Anlage, desgleichen der in ähnlicher Weise vollendeten Architektonik eines wolgefügten und seine beabsichtigten Wirkungen unfehlbar erzielenden dramatischen Kunstwerks. Aber auch da wissen wir, dass diess nur eine einzelne Art der Schönheit, nicht die ganze Schönheit ist; und das blos gewöhnlich oder gar gemein Nützliche und Brauchbare finden wir als solches nicht schön, ja oft entsetzlich unschön, so dass wir im Nützlichen und seiner einseitigen Herrschaft mit Recht geradezu einen der Hauptfeinde der Idee der Schönheit zu erblicken gewohnt sind.

Und wie ist es nun endlich mit dem Angenehmen? Hier ist das Verhältniss zum Schönen ein völlig anderes als bei dem Wahren, Guten und Zweckgemässen, und zwar ist dieses Verhältniss ein sehr vielseitiges und verwickeltes, das gewöhnlich nicht gehörig ins Licht gestellt zu werden pflegt.

Das Angenehme hat einmal Etwas mit dem Schönen gemein: es erweckt wie dieses unmittelbar, wenn es empfunden wird, ein Gefallen, das Unangenehme aber ein Missfallen; das Angenehme wirkt ähnlich wie das Schöne „anziehend, anmuthend, reizend, fesselnd, entzückend", das Unangenehme ähnlich wie das Unschöne „abstossend, anwidernd, Abscheu und Ekel erweckend"; so verwandt sind die beiden, dass sie allerdings in einzelnen Fällen für Diesen und Jenen schwer auseinander zu halten sind und auch die Sprache, wie so eben geschen, dieselben Ausdrücke für gewisse Wirkungen beider auf den Menschen gebildet hat.

Für's Zweite: das Schöne ist auch angenehm, das Unschöne auch unangenehm. Es gibt kaum einen grösseren Genuss als den, Schönes zu sehen und zu hören; es gibt nichts Unbehaglicheres, als mit Unschönem zu thun haben zu müssen, das Unschöne erweckt in uns Widerwillen und Grauen; das Schöne lieben wir, das Unschöne hassen wir und nennen es ebendarum, wenn es in starkem Grade hervortritt, das Hässliche. Dass wir das Schöne angenehm finden, liegt (wie unten noch weiter besprochen werden wird) in seiner Natur begründet; Wolgefallen ist ein Gefühl der Lust; was uns durch seine Erscheinung wolgefällt, gewährt uns somit Lust an dieser seiner Erscheinung, wie umgekehrt was uns durch seine Erscheinung missfällt, uns auch anwidert und von sich verscheucht; das Schöne sehen wir, weil es schön ist, gerne und freudig, dem Unschönen wenden wir, weil es unschön ist, den Rücken zu. Es ist bekannt, wie ausserordentlich wichtig für das Menschenleben diese Eigenschaft des Schönen ist, dass es angenehm wirkt. Schönheit der Gestalt, Schönheit des Sichgebens, des Gebarens, des Benehmens ist es vor Allem, was die Menschen unter sich vereinigt, weil es sie einander angenehm macht, was Herz zu Herzen schafft, was auch sonst die Menschen einander annähert, den Umgang und Verkehr der Menschen unter einander fördert; Schönheit des öffentlichen Auftretens, der Sprache und der Rede zieht mächtig an, bewirkt, dass ein Mann Anklang findet und die Gemüther für sich erobert. Ein weiterer Beleg für die Annehmlichkeit der Schönheit ist der Umstand, dass die menschliche Phantasie sich kein Elysium, kein Paradies, d. h. keinen vollkommen angenehmen Lebenszustand, denken kann ausser in durchaus schöner

Umgebung und in Ausstattung mit aller Fülle des Schönen. Es war nicht ohne alle Berechtigung, wenn gewisse Stoiker das Schöne so bestimmten, „es sei das, was von Natur angenehm und stets um seiner selbst willen Gegenstand eines nie durch Übersättigung sich abstumpfenden Verlangens ist." Nur Einiges, was schön sein kann, ist nicht angenehm, ja geradezu unangenehm, „welthuend, peinlich, schmerzlich": der scharfe schneidende harte Kontrast, die noch unaufgelöste Dissonanz, das Wilde, Zerrissene, Stürmische, das Furchtbare, Schreckliche, Tragische; aber es sind diess Formen des Schönen von einseitig extremer Natur, bei welchen selbst das Schönheitsgefühl nicht als bei einem Letzten und Alleinigen stehen bleibt, von welchen es vielmehr zu harmonischern Gestaltungen sich zurücksehnt, ja von welchen es geradezu fordert, dass sie sich selber ins Harmonische zurück auflösen, falls sie als ganz schön gelten wollen.

Das Schöne hat jedoch zum Angenehmen auch noch ein drittes Verhältniss, das von den beiden eben betrachteten ganz verschieden ist: das Schöne seinerseits ist als solches auch angenehm, und zwar in den mannigfaltigsten Arten und Stufen, es ist „ansprechend, anziehend, reizend, fesselnd, entzückend, in innerste Rührung versetzend"; das Angenehme aber ist als solches nicht schön, sondern es ist als solches etwas Anderes als das Schöne. Genauer: wenn wir Etwas schön finden, finden wir es eben darum auch angenehm; deswegen aber, weil wir Etwas blos angenehm finden, finden wir es niemals schön; die Schönheit führt stets eine Annehmlichkeit mit sich, welche mit dem Namen indirekte (erst durch Schönheit vermittelte) Annehmlichkeit bezeichnet werden kann, die Annehmlichkeit selbst aber, d. h. diejenige Annehmlichkeit, die wie z. B. der Wolgeschmack einer Speise nicht durch die Wahrnehmung der Schönheit eines Gegenstands hervorgebracht wird, sondern durch eine unmittelbare Lustempfindung, welche ein unsern Sinn afficirender Gegenstand in uns erweckt, diese Annehmlichkeit, die man die direkte Annehmlichkeit nennen kann, sie führt als solche niemals den Eindruck der Schönheit des afficirenden Gegenstands mit sich. Allerdings kann eine Sache oder Person schön (und hiedurch indirekt angenehm) und (direkt) angenehm zugleich sein; aber verschieden ist für uns Beides immer und überall; nichts unterscheiden wir bestimmter und sicherer von einander, als Schönheit und Annehmlichkeit (selbstverständlich diese letztere hier nicht in dem Sinne derjenigen Annehmlichkeit, welche dem Schönen anhängt). Das Purpurroth eines klaren Weines in spiegelhellem Gefässe finden wir schön (und in Folge hievon auch angenehm anzusehen), ihn selbst aber (wenn er ein wolschmeckender Wein ist) blos angenehm; sagen wir hie und da: „dieser Wein schmeckt schön", so sind wir uns bewusst, dass wir uneigentlich reden, dass wir Scherzes halber, um dem Gewächs und seinem Spender ein verdientes Lob seiner Vortrefflichkeit, namentlich etwa seines edeln Aroma's, zu ertheilen, uns des Gebrauchs der Redefigur der Vertauschung verwandter (aber nicht identischer) Begriffe schuldig machen. „Die Blume riecht schön": auch das sagen wir nicht im Ernste, sondern nur ihrer Form und Farbe ertheilen wir ernstlich den Namen des Schönen. Gleich sicher unterscheiden wir Schönheit und Annehmlichkeit eines Menschen, obwol Beides in Einem Individuum zusammen sein kann. Der angenehmste Mensch ist als solcher ganz und gar nicht schön; es gibt behagliche Personen, es gibt Gesichtsbildungen, es gibt Stimmen, es gibt Manieren, die uns angenehm sind, obwol wir sie nicht schön finden; selbst unschöne Menschen können dieses Angenehme an sich haben, oft in ganz besonders hohem „berückendem" Grade; nur sehr starke Hässlichkeit schliesst Annehmlichkeit meistens aus, weil da die in der Hässlichkeit liegende (indirekte) Unannehmlichkeit ein Wolbehagen an der Persönlichkeit nicht aufkommen lässt. „Gutes Wetter" ist sowol schön (und damit indirekt angenehm) als (direkt) angenehm; aber es hört sofort auf, (direkt) angenehm zu sein, sobald die Luft uns zu heiss oder zu kalt zu werden beginnt; schön bleibt das gute Wetter auch am Nordpol durch die Helligkeit der Atmosphäre, durch die reine Himmelsbläue, durch ihren harmonischen Kontrast zu dem reinen Weiss, das die beschneiten Flächen bedeckt, angenehm aber ist es dort der Kälte wegen nicht mehr, und zwar, was auch zu beachten ist, so sehr, dass die in seiner Schönheit an sich mitliegende indirekte Annehmlichkeit kaum oder gar nicht mehr empfunden, geschweige denn genossen wird. Grün ist schön in Vergleich zu düsterem oder schmutzigem Grau, und es ist zugleich angenehm; aber wir sind uns dessen stets bewusst, dass wir etwas Anderes sagen wollen, wenn wir es schön, etwas Anderes, wenn wir es angenehm nennen; in jenem Falle sprechen wir ein Urtheil über seine Erscheinung aus, das Urtheil, dass i h r Eindruck ein wolgefälliger sei, in diesem reden wir blos von einer wolthuenden Wirkung oder einem wolthuenden Eindruck der grünen Farbe a u f u n s, auf unser Sehorgan und damit zugleich etwa auch auf unsre Stimmung, ja eigentlich mehr von einem Einfluss, den sie auf uns ausübt, als von einem blossen Eindruck, den sie bei uns hervorruft. Anmuth ist gleichfalls schön und angenehm zugleich, wie andrerseits mürrisches und trotziges Wesen sowol unschön als unangenehm ist; aber auch hier meinen wir mit Schönheit und Annehmlichkeit ganz und gar nicht dasselbe: wir sagen, Anmuth sei schön, weil sie ein gefälliges Erscheinen des Menschen sei, Anmuth sei angenehm, weil ihr Wesen uns wolthut, wir nennen den Trotz unschön, weil er den Menschen entstelle, wir nennen ihn unangenehm, weil er uns widerwärtig ist. Ungekehrt: Hitze und Kälte sind unangenehm, aber nicht unschön, wie auch nicht schön; weder der eine noch der andere Begriff findet auf sie Anwendung; erst in höherer bildlicher Sphäre kann diess eintreten: Wärme des Gefühls ist schön, weil in ihr eine Vollkommenheit des Gefühls, lebendig innige Theilnahme an demjenigen, wogegen das Gefühl nicht gleichgültig sein soll, erscheint, Kühle und Kälte aber sind unschön, weil sie nicht im Einklang mit der Natur des Menschen als fühlenden Wesens stehen.

Worauf beruht nun dieser Unterschied von Schönheit und Annehmlichkeit? Das Beispiel von Kälte und Hitze macht denselben einfach klar. Kälte und Hitze sind unangenehm, weil sie uns physisch schmerzen und belästigen, unschön aber sind sie nicht, wie auch nicht schön, weil sie nicht als etwas „Erscheinendes" in Betracht kommen, ja es gar nicht sind und daher keinen Eindruck weder des Wolgefallens noch des Missfallens an ihrer Erscheinung hervorbringen können. Lichthelligkeit dagegen ist selbst, wenn sie ein empfindliches Auge schmerzt, immer schön, weil sie eine Wolgefallen erregende Erscheinung ist; sogar wenn sie durch gar zu' anhaltende Dauer des guten Wetters hie und da „langweilig" und in dieser Hinsicht unangenehm wird, sogar dann bleibt sie in unsrem Urtheil über ihre Erscheinung schön, obwol wir uns vielleicht nach „schlechterem Wetter" sehnen, weil unser Nervensystem durch jede zu lang dauernde gleichförmige Affektion, wie sie auch sonst sei, ermüdet und abgespannt wird. Auf eine allgemeine Formel gebracht ist der Unterschied von angenehm und schön der: angenehm ist, was uns durch seine Wirkung oder seinen Einfluss auf uns in einen Zustand der Lust versetzt, schön ist, was durch den Eindruck seiner Erscheinung uns Wolgefallen abgewinnt. Oder noch allgemeiner gefasst: das

Angenehme ist etwas Affektionelles, Zuständliches, Pathologisches, das Schöne etwas die wahrgenommene Erscheinung eines Gegenstandes Angehendes oder — dieses Wort ist das hiefür übliche geworden — etwas Ästhetisches. Auch so kann das Verhältniss Beider bestimmt werden: das Angenehme wirkt auf uns material, es bringt in uns eine (lustgewährende) reale Veränderung unsres Befindens hervor (wie z. B. der Genuss eines wolschmeckenden Weines unser Geschmacksorgan in den realen vorher nicht vorhandenen Zustand des angenehm afficirt Seins, das Gebaren einer angenehmen, „liebenswürdigen" Persönlichkeit unser ganzes Wesen in eine vorher nicht vorhandene Stimmung vollen Wolbehagens versetzt); das Schöne dagegen wirkt auf uns formal, es erregt in uns den ideellen Eindruck ein wolgefällig Aussehendes vor uns zu haben, sein Eindruck geht somit blos auf das, was an einem Gegenstand Form ist, und er läuft in das ruhige, „kontemplative" Urtheil aus, dass diese Form eine wolgefällige sei, eine reale Änderung unsres subjektiven Zustandes oder Befindens aber wird durch diesen Eindruck, dass Etwas schön sei, noch nicht bewirkt.

Wenn es nun aber so ist, wenn das Schöne blos ästhetisch oder formal wirkt, wie ist es möglich, dass es doch zugleich angenehm ist, doch zugleich eine pathologische oder materiale Wirkung auf uns übt? ist das nicht ein vollkommener Widerspruch?

Man könnte diesen Widerspruch ungelöst stehen lassen, man könnte sich einfach auf die Thatsache berufen, dass es so ist, dass wir das Schöne lieben, das Hässliche verabscheuen u. s. w. Aber eine Lösung wird sich wol finden lassen. Der Eindruck und das aus ihm hervorgehende Urtheil „das ist schön", „das ist unschön" sind als solche blos formal ruhig, kontemplativ; allein diese Beschaffenheit des ästhetischen Eindrucks und Urtheils schliesst nicht aus, dass, wenn sie sich bei uns einfinden, ein Gefühl der Lust oder der Unlust sich mit ihnen verbinde. Jedes Wolgefallen ist verbunden mit Wolgefühl, also auch das ästhetische. Wenn ich von einem Gegenstande, den ich sehe, sagen darf: er gefällt mir durch seine Erscheinung oder er ist schön, so empfinde ich Lust an seiner Gegenwart, weil das Wolgefallen doch nicht blos ein theoretisches Urtheilen über Etwas, sondern auch ein Versetztwerden in eine mir zusagende und also mir wolthuende Stimmung ist. Das Missfallen versetzt mich in die Stimmung, mit dem Gegenstande, der es erregt, **nicht harmoniren zu können**, seinen Anblick nur ungern ertragen zu müssen; das Wolgefallen aber versetzt mich in die Stimmung **voller Harmonie mit dem Gegenstande**, der es mir „angethan hat." Oder: ästhetisches Wolgefallen und Missfallen sind zwar ruhig kontemplative Eindrücke und Urtheile, aber sie sind nicht gleichgültig für die Verfassung des Gemüths: es ist dem Menschen woler dabei, Wolgefallen als Missfallen empfinden und aussprechen zu können, weil es ihm woler ist in harmonischem, mit den Gegenständen, die er sieht, befriedigtem, als in disharmonischem, mit Dem, was er sieht, entzweitem Gemüthszustand. Kurz: die Annehmlichkeit des Schönen und die Unannehmlichkeit des Unschönen ist eine natürliche und unmittelbar mitkommende Folge der Wahrnehmung Beider. Verschieden aber bleiben das Wolgefallen an den Dingen, welche durch ihre Erscheinung es erregen, und das aus demselben fliessende Wolgefühl dessungeachtet; sie sind in ähnlicher Weise verschieden, wie z. B. das nach überstandener Krankheit sich einstellende Gefühl wieder ganz gesund zu sein von dem mit diesem Gefühl sich einstellenden Gefühl der Lust oder dem Wolgefühl wieder in „harmonischer" Existenz sich zu befinden verschieden ist, so sehr beide Gefühle auch einander benachbart, so enge sie auch mit einander verflochten sind.

Noch einige weitere Betrachtungen mögen die Thatsachen bestätigen, dass das ästhetische Wolgefallen und das mit ihm verbundene Wolgefühl verschieden von einander sind, und dass wir im Leben die Begriffe schön und angenehm nicht mit einander verwechseln, sondern sie ganz gut auseinander zu halten wissen.

So gewiss es ist, dass das Schöne „ein gern gesehener Gast" ist, dass „schöne Gegenwart entzückt", so wahr es ist, was der Dichter sagt: „Glücklich, wem doch Mutter Natur die rechte Gestalt gab, denn sie empfiehlet ihn stets und nirgends ist er ein Fremdling, Jeder nahet sich gern und Jeder möchte verweilen, wenn die Gefälligkeit sich zu der Gestalt noch gesellet", oder an einem andern Orte: „Wenn der Smaragd durch seine herrliche Farbe dem Auge wolthut, ja sogar einige Heilkraft an diesem edeln Sinne ausübt, so wirkt die menschliche Schönheit noch mit weit grösserer Gewalt auf den äussern und innern Sinn; wer sie erblickt, den kann nichts Übles anwehen, er fühlt sich mit sich selbst und mit der Welt in Übereinstimmung", so unbestreitbar diess Alles ist, — dessungeachtet verschwindet die Annehmlichkeit, welche der Anblick des Schönen mit sich führt, unzähligemal für uns auf ein kaum mehr zu empfindendes Minimum, dann nämlich, wenn wir z. B. vor einer Statue oder einem Gemälde oder beim Anhören einer Musik, beim Lesen eines Gedichtes ernstlich eben die Schönheit des künstlerischen Werkes ins Auge fassen oder auch geradezu sie uns zu zergliedern und klar zu machen suchen. Das Wolgefühl, im Schönen zu sein, umfliesst uns auch da noch, aber nur wie eine kaum noch empfundene heimisch duftende Atmosphäre; die Thätigkeit der Reflexion des Verstandes drängt das Verspüren des Wolgefühls zurück; das „Kontemplative" des ästhetischen Verhaltens ist in uns zur Hauptsache, zum Beherrschenden geworden. Selbst dem lebendig Schönen gegenüber können wir uns in diese kontemplative Ruhe versetzen, wenn wir z. B. über den Schönheitseindruck, den wir von ihm empfangen, uns oder Andern kritische Rechenschaft zu geben beginnen, oder wenn wir Vergleichungen der Schönheit mehrerer lebender Individuen anstellen. Ganz jedoch wird jenes Gefühl der Vollbefriedigung, die uns das Schöne einflösst, durch das verständige Verhalten niemals aufgehoben; selbst wenn wir in „gelehrt" exakter Weise die Kunstreste des hellenischen Alterthums „studiren", umschwebt uns unsichtbar der Genius seiner Schönheit in ein erhöhtes Daseinsgefühl uns versetzend.

Es ist früher (S. 4) bemerkt, dass die Sprache für gewisse Wirkungen des Schönen und des Angenehmen die gleichen Worte gebildet hat, obwol diese Wirkungen beider blos verwandt, keineswegs aber identisch sind. Man könnte in Rücksicht hierauf sagen, die Sprache habe durch diese Wortbildungen Alles gethan, um die beiden Begriffe des Angenehmen und Schönen, sowie die des Unangenehmen und Unschönen, unter sich zusammenfliessen zu lassen und ihre Unterscheidbarkeit zu erschweren, wenn nicht geradezu unmöglich zu machen. Aber es thut nichts; trotz dieser Ungenauigkeit oder Zweideutigkeit der Sprache halten wir im Leben das Angenehme und das Schöne, das Unangenehme und das Unschöne oder das pathologische und das ästhetische Moment mit voller Sicherheit auseinander. Die Sprache bezeichnet das specifisch Unschöne mit dem Worte „hässlich", welches eigentlich eine bis zur Erregung des Hasses fortgehende Widerlichkeit, also Unannehmlichkeit bedeutet; allein Niemand denkt bei diesem Worte an etwas Pathologisches, an Hassenswürdigkeit, sondern man stellt sich dabei lediglich eine ästhetisch formale Eigenschaft eines Gegenstands, die absolute Unschönheit, vor. „Lieblich" ist gleichfalls ursprünglich ein pathologischer Begriff, mit „liebenswerth" verwandt, er ist uns aber zum ästhetischen geworden; wir nennen z. B. ein besonders anmuthiges Thal lieblich, das „lieben" zu wollen uns nicht einfällt; vom pathologischen Moment ist blos dies übrig geblieben, dass das Liebliche immer ein Schönes ist, das unmittelbar und zwar ganz besonders auch angenehm auf uns wirkt. „Anmuthig" ist ursprünglich ein pathologischer Begriff; im Leben aber wird er stets ästhetisch gebraucht; das Wort bezeichnet uns eine gewisse Art von Schönheit, eine nicht im Geringsten schwerfällige und eckige, sondern ungezwungen leichte und in weichen und milden Formen sich bewegende, sowie eine nicht zurückstossende und in sich verschlossene, sondern einladend entgegenkommende Art und Weise des Sichgebens, welche allerdings zugleich ganz specifisch angenehm, „gewinnend, fesselnd, bezaubernd" ist. „Hold" ist das als ganz und durchaus nur freundlich sich Darstellende, „Holdseligkeit" ist das volle Aufgehen einer Persönlichkeit in diesem holden Sein und Wesen; Beides ist gewiss angenehm bis zum „Entzücken", aber Beides ist uns auch eine ästhetisch wolgefällige Erscheinung, ein Bild der durch nichts Selbstisches getrübten Harmonie des Gemüthes mit sich und mit Allem ausser ihm, ein Bild der reinen Güte der Seele (S. 3). „Reizend" ist eigentlich das, was durch den Eindruck ganz besonderer Annehmlichkeit den Trieb zuzugreifen und zu geniessen aufregt; aber man denkt kaum mehr an diese pathologische Bedeutung des Worts: ein Baum mit rothwangigen Äpfeln, die aus reichem grünem Laube hervorschauen, „reizt" wol ein Kind zu dem Wunsch, dass man ihn schüttle; dem Erwachsenen aber kommt er ganz ruhig kontemplativ „reizend" vor, in dem Sinne, dass er ein ganz unwiderstehliches Wolgefallen an der Fülle, an der Frische, an der lebendigen Färbung dessen, was er trägt, in Jedem hervorrufe, der ihn sieht; angenehm ist sein Anblick allerdings auch zugleich, weil seine ihn reichlich schmückende Fruchtbarkeit in uns Lust und Freude an so fröhlichem Gedeihen erweckt, und weil die beiden Hauptfarben, Roth und Grün, theils an sich theils in ihrer Verbindung dem Sehorgan specifisch wolthun. Ebenso sprechen wir ganz kontemplativ ästhetisch von einer reizenden Fernsicht, von einem reizenden Blumenflor, von einem reizenden Wuchs u. s. f. „Ungeheuer" ist eigentlich soviel als nicht geheuer oder unheimlich; aber wir nennen ganz ruhig kontemplativ ein kolossales Thier ein ungeheuer grosses Thier, obwol allerdings gerade bei dem Worte Ungeheuer die pathologische Bedeutung des Gefährlichen und Drohenden meist sehr bestimmt mitanklingt („Ungeheuer von Grausamkeit"). Selbst das Wort „unheimlich" gebrauchen wir oft genug von einem öden, düstern, engen, felsenstarrenden „Erdwinkel", auch wenn wir uns gar nicht wirklich unheimlich in ihm fühlen, wir sprechen in solchem Falle nur einen ästhetischen Eindruck der betreffenden Örtlichkeit aus und vergessen dabei, namentlich wenn sie zugleich den Charakter des Erhabenen oder den des Romantischabgelegenen hat, ganz und gar den unangenehmen Einfluss, welchen ihre Öde auf unsre Stimmung ausüben könnte. Ganz anders dagegen brauchen wir das Wort „unheimlich", wenn wir etwa bei tiefer Nacht auf einem schwankenden Steg über einen gewaltig dahinbrausenden Strom setzen sollen; da sprechen wir mit dem Worte das Pathologische unsres bangenden Missbehagens aus, sind uns aber auch bewusst, dass wir jetzt mit ihm etwas ganz Anderes meinen, als im obigen Falle, wo es sich blos um ein ästhetisches Urtheil über den Formcharakter einer Örtlichkeit handelte.

Wenn hin und wieder die Annehmlichkeit eines Wesens, z. B. eines Menschen, dasselbe Demjenigen, welchem es in hohem Grade angenehm ist, welchem es insbesondere etwa sinnlich wolgefällt, schöner erscheinen lässt, als es in der That ist, so beweist diess allerdings, dass der pathologische Reiz das ästhetische Gefühl beirren, ja verblenden kann. Aber unfehlbar ist auch das ästhetische Urtheil nicht, es kann durch Stimmungen und Neigungen beeinflusst werden, und zwar namentlich durch die Freude am Angenehmen, in Folge der zwischen angenehm und schön bestehenden Verwandtschaft. Solche Irrthümer sind jedoch zufällig und individuell und daher meist blos vorübergehend; wo wirklich entwickelter ästhetischer Sinn ist, da werden Annehmlichkeit und Schönheit stets aus einander gehalten.

Während nach dem Bisherigen das Leben über Dasjenige ganz mit sich im Reinen ist, was man mit dem Begriff „schön" sagen will, verhielt und verhält es sich ganz anders in der Wissenschaft. Über nichts beinahe gibt es so viel Verschiedenheit und Streit philosophischer Meinungen, als über das Wesen der Schönheit. Sokrates setzte die Schönheit in die Zweckmässigkeit; Platon in das Massvolle, Gleichmässige („Symmetrische"), sowie zugleich in das Glänzende, Strahlende der Erscheinung; Aristoteles machte darauf aufmerksam, dass auch theils Wolordnung theils Grösse und Reichthum, wiewol in übersichtlicher Begrenzung, zur Schönheit gehöre; unter den Neuern erklärt Spinoza, dass „schön" ein subjektiver Begriff sei, mit welchem wir die zu unsrem Wolbefinden dienlichen, uns körperlich und geistig erquickenden, stärkenden, erfreuenden Dinge als Gegenstände, welche uns gefallen, bezeichnen; Shaftesbury und Hutcheson nahmen die platonischen Vorstellungen modificirt wieder auf; Home identificirte das Schöne wieder fast ganz mit dem Zweckmässigen; Hume erklärte es für eine Form, welche Vergnügen erweckt, und zwar namentlich auch dadurch, dass sie eine für die Zwecke eines Wesens woleingerichtete ist; Burke fand die Schönheit im Liebreizenden. Kant endlich unterschied das Schöne vom Angenehmen; er erklärte es für eine Form, welche durch sich selbst ohne alles und jedes Annehmlichkeits-, sowie Nützlichkeitsinteresse allgemeines und nothwendiges Wolgefallen erweckt, freilich ohne recht anzugeben, was denn diese Form sei, und ohne den psychologischen Grund des Wolgefallens zu verdeutlichen, da seine

Sätze über das harmonische Spiel der Einbildungskraft und des Verstandes, welches ein „schöner" Gegenstand in uns errege, unklar geblieben sind; Schiller sagt: das Schöne unterscheidet sich vom Angenehmen dadurch, dass es durch die Form seiner Erscheinung, nicht durch die materielle Empfindung gefällt, es gefällt nicht den Sinnen, sondern es gefällt, allerdings durch die sinnliche Wahrnehmung hindurch, dem Geiste, der Vernunft; denn es ist Sinnliches in vernunftähnlicher Form, genauer: es ist Leben, das die Sinne und die Einbildungskraft in lebendige Bewegung setzt, aber es ist nicht gestaltloses Leben, sondern Leben, das Gestalt, das überallhin gesetzmässige Bestimmtheit, wie die Vernunft sie fordert, an sich hat, und zwar in freier, das Leben durch das Gesetz nicht unterdrückt, sondern in voller Harmonie mit dem Gesetz erscheinen lassender Form. Wie Kant und Schiller fassen auch Herbart und seine Schule die Schönheit mit Nachdruck als Formwesen auf, und die Ästhetik Zimmermann's hat von diesem Standpunkte uns ein System der besonderen Gestaltungen des Schönen ausführlich entwickelt, allerdings unter richtiger Weglassung der Voraussetzung der Dualität von Geist und Sinnlichkeit, da diese mit dem Wesen des Schönen als solchen noch nichts zu thun, sondern nur für gewisse Gebiete des Schönen, wie namentlich plastische und malerische Kunst, ihre Geltung hat. Dieser formalen Auffassung der Schönheit trat nun aber endlich von Seiten der „spekulativen" Philosophie eine ganz andere entgegen. Schelling zwar gab die treffliche Bestimmung: „Schönheit ist mangelloses Sein"; allein Hegel erklärte alle Formschönheit (Regelmässigkeit, Symmetrie, Gesetzmässigkeit, Harmonie, Reinheit) für eine nur erst äusserliche Vorstufe der wirklichen Schönheit: diese besteht im „Scheinen der Idee" oder darin, dass Etwas sich darstellt als ganz und durchaus bis in jeden Punkt seiner äussern Erscheinung (Gestalt, Bewegung, Farbe, Ton

u. s. w.) hinein beseelt von einem Princip innern Lebens und so dieses zum Ausdrucke bringend, sei es nun nur erst die animalisch organische Lebendigkeit (in allen ihren verschiedenen Gestalten), oder vor Allem das höhere in sich reflektirte Leben, das Leben des Geistes, der so oder anders beschaffene Gehalt, der im Geiste sich regt, die Anschauungen, die Gefühle, die Ideale, welche aus dem Geist geboren werden und in ihm ihr Dasein, für ihn Gültigkeit, für ihn Wahrheit haben. Das Schöne ist nicht etwas ausserhalb des Geistes Stehendes, sondern es ist der Geist selbst mit Allem in ihm wiederscheinend in einem Äussern, das er aber ganz sich zu eigen gemacht, zu einem Abdruck und Spiegel seiner selbst und dessen, was in ihm lebt, verklärt hat. Wie bekannt ist, hat auch Vischer dieser spekulativen Auffassung des Schönen sich angeschlossen und sie namentlich in neuerer Zeit gegen die Herbart'sche Formalästhetik mit grosser Energie vertreten. Ethisch ist diese spekulative Auffassung gewendet von Lotze, indem ihm das Schöne Symbol des schlechthin sein Sollenden, des Guten als höchsten Zwecks der Welt und derjenigen Verhältnisse ist, durch welche die Idee des Guten verwirklicht werden kann.

Wenn man sich nun fragt, wie kommt es, dass die Wissenschaft über einen Begriff so verschiedener Meinung ist, über welchen im Leben so gut als gar keine Unsicherheit vorhanden ist, so lässt sich darauf zunächst diess antworten, dass der Begriff der Schönheit allerdings durch sich selbst ein solcher ist, der zu Auffassungen, welche ihn nur streifen, nicht aber treffen, Anlass geben kann. Das Schöne liegt dem Angenehmen so nahe, dass es mit ihm verwechselt zu werden in Gefahr ist, und das Wahre, das Gute, das Zweckgemässe, diese

Drei behaupten einen so hohen Rang im Kreise des Schönen, dass man gleichfalls versucht sein kann, das Schöne geradezu auf Eines derselben zurückzuführen.

Zu all dem kommt aber noch eine Schwierigkeit hinzu durch einen schon in der griechischen Philosophie vorkommenden Sprachgebrauch, der unterschiedlos von „dem Schönen" und von „der Schönheit" redet. Die Sprache liebt für eine Reihe grösserer und kleinerer Daseins- und Lebensgebiete abkürzende Kollektivwörter zu bilden mittelst Anwendung des sogenannten Neutrum's des Adjektiv's. Sie sagt „das Lebendige" und bezeichnet dadurch in nuce den ganzen Kreis dessen, was da lebt, von der Kröte bis zum Menschen, sie sagt „das Todte" und meint damit das ganze Reich des Unbeseelten; sie sagt „das Nothwendige" und „das Nützliche" und versteht darunter alle irgend dem Menschen unentbehrlichen und zweckdienlichen Dinge; sie sagt „das Wahre" und fasst darin zusammen den Inbegriff aller dem Menschen erreichbaren sichern und verlässlichen Erkenntnisse und Überzeugungen; sie sagt „das Gute" und begreift in diesem Worte bald in weiter gehender Weise den vollständigen Inbegriff desjenigen, was dem Menschen irgendwie förderlich und heilsam sein kann, sowol die gesammte Welt des Nützlichen und Glücklichmachenden, als auch die gesammte Welt des sittlich rechten Wollens und Thuns, bald in engerem Sinne nur diese letztere, die sittliche Welt; sie sagt „das Werthvolle" und „das Werthlose", „das Heitere" und „das Ernste", sie sagt „das Angenehme" und „das Unangenehme" und hat dabei im Sinne die Gesammtheit aller derjenigen Objekte, welche die eine oder andere Eigenschaft für uns haben. Und so sagt sie denn auch „das Schöne" und versteht damit das ganze Gebiet der Dinge, welchen wir den Namen „schön" beilegen. Wie bei „dem Guten", so wird auch hier der Kreis bald weiter bald enger gezogen. Das eine Mal versteht man unter „dem Schönen" Alles und Jedes, was das Leben verschönert, es ziert und schmückt, Alles, was das Herz beseligt, den Geist freudig hebt, die Phantasie „zum Unendlichen erweitert", dem Menschen ein wolthuend anziehendes Anschauen der Welt gewährt; in diesem umfassenden Sinne (welcher dem Worte deswegen beigelegt werden kann, weil das Schöne mit dem Angenehmen so nahe verwandt ist, und weil es den absoluten Gegensatz zu allem Unbefriedigenden ausspricht) fasst „das Schöne" alles höhere Lebensglück, Alles, was uns vom Dienst des blos Nöthigen und Nutzbaren frei macht und uns des Daseins wirklich froh werden lässt, alle Befriedigung des Wissensdranges, allen Reiz der Unterhaltung und Geselligkeit, allen Natur- und Kunstgenuss, jedwede Erquickung durch Leibesübungen zu Land und Wasser, jedwede Anregung und Erfrischung durch Besehen der Menschen und Dinge, durch Reisen u. s. w. in sich. In engerem Sinne sodann pflegt der Ausdruck „das Schöne" zu bezeichnen den Umkreis aller sei es von Natur vorhandenen oder durch die Kunst erschaffenen Gegenstände, welche „ästhetisch" schön sind, und in engstem Sinne endlich die Welt der Kunst allein, so z. B., wenn wir die Hellenen oder wenn wir Rafael, Mozart, Goethe die Meister des Schönen nennen. Das ist die Eine, kollektivische Bedeutung des Ausdrucks „das Schöne". Neben dieser hat er aber im Sprachgebrauch noch eine andere Bedeutung; man sagt gar oft „das Schöne" statt „die Schönheit", indem man das adjektivische Neutrum substantivirt; man fragt namentlich gern: was ist der Begriff des Schönen, wie man auch fragt: was ist der Begriff des Wahren? was ist der des Guten? was der des Nützlichen u. s. f.? Offenbar nun muss man, um nicht irre zu gehen, des Unterschiedes dieser beiden Bedeutungen sich bewusst sein und ihn festhalten. Werde ich gefragt: was ist der Begriff des Wahren, so darf ich nicht antworten: „das Wahre ist der Komplex aller Erkenntnisse und Überzeugungen, auf deren Gewissheit der Geist vertrauen kann und auf welche er all sein Denken und Handeln fest gründen soll", sondern ich muss antworten: „Du fragst mich eigentlich nach dem Begriff wahr oder nach dem der Wahrheit, und da antworte ich Dir, dass wahr eine Vorstellung oder eine Ansicht ist, welche nicht von Dir ohne Grund so oder so gemacht ist, sondern mit der objektiven Wirklichkeit übereinstimmt", oder ich darf nicht die kollektivische und die substantivische Bedeutung des Ausdrucks „das Wahre" zusammenwerfen; nicht den Inbegriff der wahren Objekte des Wissens, sondern den logischen Begriff von wahr oder dessen, was Wahrheit sei, wollte man von mir wissen. Fragt man mich: was ist der Begriff des Nützlichen, so darf ich nicht antworten: „der Pflug, die Axt, das Messer, die Dampfmaschine und was es sonst an nutzbaren Dingen gibt"; sondern ich muss antworten: „nützlich ist das, was zur Erreichung irgend eines Zweckes dienlich ist". Fragt man mich: was ist der Begriff des Angenehmen, so darf ich nicht sagen: „der Begriff des Angenehmen ist die süss duftende Rose, der aromatische Wein, die frische Luft im Hochgebirg, der sich deinem Fuss weich anschmiegende Stiefel oder Hausschuh"; sondern ich muss sagen: „der Begriff des Angenehmen ist diess, dass Etwas Lust, nicht Schmerz erregt". So ist es nun auch bei der Frage, was das Schöne sei. Ich kann auf diese Frage in doppelter Weise antworten. Ich kann (kollektivisch) sagen: „das Schöne ist die freie Natur, das vom Knechtsdienst der Arbeit freie Leben, die Kunst u. s. f."; ich kann aber auch sagen: „wenn Du nicht das Schöne in dem kollektiven Sinne des ganzen Inbegriffs schöner Dinge, sondern in dem logischen Sinne meinst, dass Du wissen willst, was das Wort schön begrifflich bedeute oder was Schönheit sei, dann antworte ich Dir ganz anders, dann antworte ich Dir mit einer Definition des Schönheitsbegriffs, ähnlich wie ich Dir vorhin eine Definition des Begriffs angenehm geben wollte". Es wird Niemand bestreiten, dass die zwei Bedeutungen des Ausdrucks „das Schöne" wesentlich verschieden sind; es wird aber auch Niemand die Möglichkeit leugnen, dass beide Bedeutungen in Folge der Identität des Worts „das Schöne", welchem sie anhängen, verwechselt werden können, und dass es daher das Gerathenere ist, wenn man den Begriff Dessen, was schön sei, sucht, lieber das unzweideutige Wort „Schönheit" als den zweideutigen Ausdruck „das Schöne" in Anwendung zu bringen. Ob vielleicht eine Vertauschung dieser Art bei der grossen Verschiedenheit der Ansichten über das „Schöne" ihre Hand mit im Spiele habe, wird sich bei unsrer weiteren Betrachtung dieses Begriffes herausstellen.

Im sechsten Hefte seiner neueren kritischen Gänge spricht Vischer als Endergebniss seiner Betrachtungen den Satz aus: Die Ästhetik ist noch in den Anfängen. Man kann noch weiter gehen, man kann sagen: Die Ästhetik ist noch gar nicht (oder noch nicht wieder) bei ihrem (eigentlichen, wirklichen) Anfang angelangt, wenigstens gerade mit ihrem Hauptbegriff, dem der Schönheit, nicht. Der Thatbestand ist einfach der: Die Griechen haben in Betreff der Behandlung des Schönheitsbegriffs das, womit der Anfang zu machen ist, den psychischen Ausgangspunkt, (mit Ausnahme der stoischen Definition S. 16) überhüpft, die Engländer waren auf der richtigen Bahn um den Anfang zu finden, verfehlten aber ihn selber, Kant fand ihn, ohne ihn jedoch gehörig zu begründen und ihn gehörig fruchtbar zu behandeln;

dann aber liess sich die Philosophie von den richtigen Anfängen wieder abdrängen durch Voraussetzungen, welche sie anderwärts her zur Ästhetik mitbrachte, ein Übelstand, der auch der Herbart'schen Lehre ungeachtet ihrer Verwandtschaft mit der Kantischen nicht fremd ist.

Die Anfänge der wissenschaftlichen Ergründung des Wesens der Schönheit können nirgends liegen, als in der Psychologie. „Schön" ist ganz und gar nichts als eine Eigenschaft, welche der Mensch gewissen Gegenständen beilegt, die sei es durch die Sinne des Gesichts und des Gehörs oder mittelst innerer Wahrnehmung ihm vor die Anschauung treten. Und zwar ist „schön" eine Eigenschaft, die wir einem Gegenstande beilegen lediglich in Rücksicht auf seine von uns angeschaute Erscheinung oder, wie wir jetzt bestimmter sagen können, in Rücksicht auf seine Form oder Gestaltung, welches letztere deutsche Wort (obwol unsere Ästhetik bis jetzt sich desselben wenig bedient) das bessere ist, da das Fremdwort Form zu enge ist, als dass es überall passte; Beleuchtung, Färbung, Grösse, Grossartigkeit, Kraft, Stärke, Riesenmässigkeit, Erhabenheit, Bedeutsamkeit, Würde, Herrlichkeit kann man kaum mehr „Formen", wol aber „Gestaltungen" nennen, und selbst dieses weit umfassendere Wort reicht nicht überall ganz zu, da wir z. B. Reinheit und Güte der Seele, wie z. B. einer Iphigenie, wol eine harmonische Gemüthsbeschaffenheit, nicht aber gleich gut eine harmonische Gestaltung (geschweige denn Form) des Gemüths nennen können, und da es desgleichen besser angeht, den Witz als ein in Harmonie sich auflösendes anscheinend disharmonisches (widerstreitendes) Verhältniss von Gedanken oder Aussagen denn als eine nur anscheinend disharmonische „Gestaltung" solcher zu bezeichnen.

Dass Schönheit nichts ist als eine vom Menschen gewissen Gegenständen beigelegte Eigenschaft, ist längst anerkannt. Ein Mensch mag sich finden mitten in der reichsten, grossartigsten, licht- und farbenherrlichsten Natur, mitten unter andern Menschen des bestproportionirten Wuchses, des kräftigsten oder blühendsten Aussehens, und auch die wundervollsten Harmonien unsichtbarer Tongewalten mögen ihn umklingen; er selber kann gleichgültig dastehen, zusehen und zuhören, er kann nicht die geringste Empfindung, als ob das Alles schön sei, in sich verspüren, wie z. B. noch heute manche Völker solchen Empfindungen meistentheils verschlossen sind. „Schön" wird Etwas erst dann, wenn ein Mensch von einem vor seine Anschauung tretenden Gegenstande den Eindruck erhält, dass er bei ihm Wolgefallen errege, gerade wie Etwas nur dann angenehm ist, wenn es angenehm wird, d. h. wenn es auf ein empfindendes Wesen den Einfluss übt, dass es durch seinen Genuss Lust verspürt oder zu verspüren glaubt. Für den Stumpfsinn, für die schlechthinige Rohheit und Barbarei gibt es keine oder doch nur eine sehr eingeschränkte Schönheit, wie etwa den Glanz des Goldes oder des Silbers und sonstige schon auf das Sehorgan des Kindes lebhafte Anziehung ausübende augenfällige Gegenstände. Kurz schön ist Etwas dann, wenn es Jemanden wolgefällt, und insofern, als es Dieses thut. Eine objektive reale Eigenschaft eines Gegenstandes ist Schönheit nicht. Was ist der Ätna objektiv? was ist er seinem wirklichen Sein nach? was ist er an und für sich selbst? Nicht weniger und nicht mehr, als ein aus dem ionischen Meere über Sicilien zu 9000' massenhaft, ohne Seinesgleichen neben sich in die Höhe steigender, oben weich abgerundeter, schneebedeckter Bergkegel. Weil er das ist, ist er auch „erhaben, verwundersam schön." Aber was heisst dies? Es heisst so viel, dass, die ihn erblicken, durchschnittlich von dem Eindruck freudigen Wolgefallens an diesem Naturgebilde ergriffen werden und ihm die Eigenschaft, solches in Jedem, der ihn sieht, sicher zu erregen, zuerkennen. Zu ihm selbst aber ist durch diese seine Prädicirung als eines schönen Objektes nichts hinzugekommen; und ebenso wird ihm nichts genommen, wenn Jemand ihn nicht als schön ansehen wollte; genommen würde ihm nur dann Etwas, wenn ihm eine Verringerung seiner Masse oder eine Veränderung seiner bisherigen Gestalt widerfahren sollte: er ist ganz Das, was er ist, ob man ihn schön finde oder nicht; er ist dazu angethan, von der Mehrheit geistig gehörig entwickelter Menschen schön gefunden zu werden, aber ihn selbst geht diess nichts an; Schönheit ist „keine Wesensbestimmung der Wirklichkeit" (Planck, System des reinen Realismus, S. 448). Aber das Kunstwerk? ist diesem nicht durch die schön schaffende Phantasie und schön gestaltende Hand des Künstlers die Schönheit so real einverleibt, dass sie eine objektiv wirkliche und von ihm schlechthin unabtrennliche Eigenschaft desselben ist? So scheint es freilich, aber blos bei oberflächlicher Betrachtung. Damit Etwas schön sei, muss es (wie gleich näher erörtert werden wird) eine gewisse Gestaltung haben, weil nicht jede Gestaltung wolgefällt; eine solche Gestaltung gibt der Künstler seinem Werke ins Leben mit, wenn er z. B. eine Statue mit Hoheit und sprechendem Charakterausdruck begabt aus seiner Werkstätte entlässt. Sofern nun diese Eigenschaften eines Werkes bei allen ästhetisch erweckten Individuen sicher und nothwendig Gefallen hervorrufen werden, ist zu sagen, Schönheit sei nicht etwas willkürlich von einem urtheilenden Subjekt einem Gegenstande Beigelegtes (wie z. B. die Skeptiker behaupten), sondern etwas objektiv Begründetes, etwas durch eine gewisse reale Gestaltung des Gegenstandes schlechthin Bedingtes und schlechthin an sie Gebundenes, daher auch etwas von individuellen Geschmacksurtheilen gänzlich Unabhängiges und über sie Erhabenes; und sofern der Künstler seinem

Werk eine solche und keine andere Gestaltung als eben jene verliehen hat, kann man auch diess sagen: in seinem Werk ist die Schönheit realisirt, und sie ist somit eine reale Eigenschaft desselben. Allein genau gesprochen hat er seinem Werke doch blos die Formen der Hoheit und die Züge sprechenden Charakterausdrucks mitgegeben, durch welche es auch Andern als schön erscheinen wird, wie es ihm selbst so erschien. Weil es diese Formen und Züge hat, erklären wir es für schön; Schönheit ist stets ein von gewissen Eigenschaften der Gestaltung eines Gegenstandes abgeleitetes Prädikat, das wir ihm ertheilen. Finden die Menschen sein Werk nicht schön, so thun sie ihm allerdings Unrecht, indem sie ihm ein ihm gebührendes Prädikat verweigern, und „es bleibt dennoch schön", aber nur in dem Sinne, dass ihm trotz des Widerspruchs der Menschen eine Gestaltung eigen ist und bleibt, welche ihm so gut wie jedem andern als schön anerkannten Werke das Recht auf Anerkennung als eines schönen wirklich sichert.

Ganz gewiss und auch meistens anerkannt ist, dass das Wolgefallen, um dess willen wir Etwas schön nennen, lediglich auf die Erscheinung, genauer auf die Gestaltung geht, welche es an sich trägt. Ein Ding kann uns gefallen, weil es nützlich oder weil es angenehm ist (S. 4), aber ein solches Gefallen treibt uns nicht dazu, es schön zu nennen; es kann bei einzelnen Individuen (und selbst bei einzelnen Denkern) vorkommen, dass sie dasjenige Wolgefallen, welches man mit dem Wort, Etwas sei schön, zu bezeichnen pflegt, auch auf nützliche, angenehme und dergleichen Dinge übertragen, aber sie bilden damit stets eine Ausnahme, und es ist ihnen selbst nicht eigentlich ernst damit: es wird schliesslich Jeder schönes Wetter von sehr nützlichem Regenwetter, schöne Kleider von sehr nützlichen hässlichen Vermummungen unterscheiden, es wird schliesslich Jeder dem Wolgeschmack eines Weines seinen Beifall darüber, dass er angenehm sei, nicht aber das Lob, dass er schön sei, ertheilen, sondern dieses letztere Lob nur etwa seiner theils hellen theils kräftigen Farbe zuerkennen, und andern hiezu nicht oder nur sehr unvollkommen sich erhebenden Getränken, wie Meth, Thee u. s. f., wird er es verweigern. Die Gestaltung also ist es, deren wolgefälligem oder missfälligem Eindruck unser Wort „das ist schön, das ist nicht schön" gilt. Und zwar ist es ganz und gar gleich, ob diese Gestaltung eine „sinnliche", an Aug und Ohr gelangende, oder eine nicht mehr sinnliche, geistige ist; nur Eines ist auch bei der letzteren nothwendig, dass sie unserer Seele a n s c h a u l i c h entgegentrete, in ähnlichem Grade, wie das mit dem Auge deutlich Gesehene, mit dem Ohr deutlich Gehörte „Anschaulichkeit" für uns hat. Wo es an Anschaulichkeit fehlt, wo nicht eine fassbare Gestaltung „heraustritt", da vermissen wir gleich Etwas, da reden wir von Formlosigkeit, Verschwommenheit, Blässe, Abstraktheit, und die unmittelbare Folge hievon ist, dass wir entweder gar kein Wolgefallen an der Gestaltung des betreffenden Gegenstandes empfinden, ihn gar nicht als zu dem Kreis von Gegenständen, bei welchen von schön oder unschön die Rede sein könne, gehörig betrachten, oder aber, wenn er doch (wie z. B. eine charakterlose Statue oder ein verblasenes Gemälde oder ein unklares Gedicht) jenen Anspruch erhebt, ihn als etwas durch Formlosigkeit Missfälliges oder Unschönes tadeln. Überall dagegen, wo Anschaulichkeit ist, kann ein Eindruck schöner oder unschöner Gestaltung oder (S. 10) ein ästhetisches Wolgefallen oder Missfallen entstehen. Wir reden, und zwar gar nicht blos missbräuchlicher oder missverständlicher Weise, sondern ästhetisch vollberechtigt, von geistiger Schönheit, so gut wie von sinnlicher Schönheit; wir reden von Seelenschönheit, von schöner Zartheit oder andrerseits Kraft des

Gemüths, sobald diese Eigenschaften im ganzen Gebaren und Thun eines Menschen sich anschaulich kundgeben, nicht aber etwa unbemerkt in seinem Innern schlummern; wir finden Verstand und Weisheit, ideale Gesinnung, Hoheit des Charakters mit Recht schön, sobald sie sich als das was sie sind deutlich darstellen.

Der Kreis des Schönen, freilich auch der des Nochnichtschönen und des geradezu Unschönen, ja Hässlichen, sowie der des Komischen, d. h. desjenigen Mangelhaften, Verkehrten, Ungereimten, welches dadurch, dass es den harmonischen Bestand dessen an dem es sich findet nicht wesentlich stört oder gar genauer betrachtet selbst in etwas Harmonisches (z. B. scheinbare Albernheit in sinnreichen Witz) sich auflöst, ist so gross als der der Welt selbst. Überall kann es Schönes u. s. f. geben. Der Glanz des kleinsten Thau- und Regentropfens, des kleinsten leuchtenden Steinchens, der Strahl der frisch geschliffenen, nicht durch einen Rostfleck verunschönten Stahlklinge, die Durchsichtigkeit des Krystalls und des Glases, das frische Grau mancher Erdarten und der aus ihnen gefertigten Gefässe, das kräftige Braun eines Pferdes, das reine und saftige Grün zahlloser Pflanzen, das frische Roth der Rosenknospe und der Rose selber, der schlanke Wuchs des Baumes, des Thieres, des Menschen, diess Alles und unzähliges Weitere ist schön, und zwar theils an sich, theils in Beziehung zu Anderem, in Wechselwirkung mit Anderem, im Kontrast gegen Anderes, das dazu dient, es zu ergänzen, zu heben, zu verstärken (wie diess die Wissenschaft der Ästhetik näher ausweist). Desgleichen finden sich überall die mannigfaltigsten Grade und Stufen dieser Schönheit der sichtbaren Dinge; ein Roth kann sei's allein sei's in seiner Verbindung mit Grün schöner sein als ein anderes, und umgekehrt, ein blauer Himmel im Süden schöner als einer in höherem Norden u. s. f. Dasselbe ist es mit den Tönen; auch unter ihnen gibt es eine unendliche Mannigfaltigkeit und Abstufung schönen Eindrucks. Und ganz ebenso ist es hinwiederum in der geistigen, intellektuellen, sittlichen Welt. Die Schönheit solcher Gegenstände wissenschaftlich bestreiten wollen ist ein vergeblicher Versuch, der an der lebendigen Wirklichkeit scheitert. Vischer ist geneigt das Schöne der Farbe und dergleichen blos als ein Angenehmes gelten zu lassen, das missbräuchlich als schön bezeichnet werde; allein es geht nicht; gewisse Farben und Farbenzusammenstellungen gefallen objektiv, kontemplativ, sie rufen den ästhetischen Eindruck und höher hinauf das ausgesprochene ästhetische Werthurtheil hervor, dass sie Schönheit haben; mag Grün zugleich angenehm sein (ob. S. 8), es ist auch schön durch die an ihm zu Tage tretende Vereinigung von vollkommen satter und doch milder und ruhiger Erscheinung oder Gestaltung des Farbenelements; ein kräftiges Roth ist oft sehr unangenehm, es kann schmerzend sein für das Auge, es kann wehthuend sein für ein von trauriger Stimmung gedrücktes und daher eben jetzt für diese Freudenfarbe nicht empfängliches Gemüth, aber es ist auch in diesen Fällen und für diese Menschen dessungeachtet schön durch die in ihm so eigenthümlich hervortretende Vereinigung kräftig glühender Energie und unendlich zarten und reinen Scheinens; dieses letztere dagegen fehlt z. B. meist dem Gelb, so dass nur die höhern (weissern oder lichtern) Töne dieser Farbe unbedingt schön erscheinen. Solche Eigenschaften der Farben unterscheiden wir, „fassen wir auf", fühlen sie bestimmt oder sind wir ihrer geradezu klar bewusst, und daraus formirt sich in unserem Geist zuerst in noch unmittelbarer Weise der Eindruck, sodann in reflektirterer Weise das Urtheil, dass da Schönheit sei, während die Empfindung der Annehmlichkeit des Grün u. s. f. lediglich eine Affektion unseres Sehorgans ist, deren Hervortreten in uns nicht des Hindurchgehens durch jene „Auffassung" der Eigenschaften der Farbe bedarf, sondern mit dem Akt des Sehens selber entsteht und erst hintennach, wenn sie schon da ist, von uns in unser bestimmteres Fühlen oder vollends in unser Bewusstsein aufgenommen wird [1]). Noch mehr gilt diess von den Farbenzusammenstellungen. So unübersehbar sie sind an Zahl, so auch an mannigfaltiger und mannigfaltig abgestufter Schönheit, wie diess Jedermann selbst erproben kann, der, z. B. ausgehend von der Urfarbentrias Gelb Roth Blau, zu immer vollständigerer Komposition und Kontraposition der specielleren Färbungen und Farbentöne fortschreitet (vgl. meine Ästhetik S. 505 ff.). Und auf was beruht diese ihre mannigfaltige Schönheit? Sie beruht auf der Wahrnehmung der so oder anders sich differentiirenden, so oder anders konsonirenden Verhältnisse der Farbencharaktere, welche mit diesen Kombinationen sich einfinden; ein solches Verhältniss, wie z. B. von Orange Grün Violett, finden wir schön, weil wir in ihnen einerseits das Farbenelement auseinander gehend finden in drei Formen des Hellern, Mittelhellern, Dunklern, und weil andrerseits diese Drei in nicht blos harmonischer, aber noch allzu ungleicher und dadurch „harter" Wechselergänzung stehen (wie beim Urakkord Gelb Roth Blau), sondern

---

1) Es gibt allerdings auch bewusst reflektirtes Angenehmes; z. B. die Nachricht, dass X. das grosse Loos gewonnen, ist ihm angenehm kraft des Bewusstseins, dass ein Wunsch ihm erfüllt, ein Nutzen ihm zu Theil geworden. Aber um den Streit, ob eine solche Annehmlichkeit ästhetisch sei oder nicht, handelt es sich bei diesem nicht der Anschauung angehörigen Nützlichangenehmen nicht. Sagt übrigens X., „es ist schön, dass ich gewonnen habe, ich kann nun die Reise um die Welt machen", so ist auch hier „schön" mit „angenehm" nicht identisch; letzteres bedeutet blos, dass der Gewinn ihm recht ist, ersteres, dass er ihn, weil er ihm die Realisirung bestimmter Pläne ermöglicht, als ein seinen Wünschen harmonisch entgegenkommendes Ereigniss, als harmonische Glücksfügung willkommen heisse und seine Freude an solchem harmonischen Zusammentreffen habe.

in einer Wechselergänzung, innerhalb welcher auch das Moment der Verwandtschaft nicht fehlt, da Orange gedämpftes Gelb, Violett gedämpftes Roth, Grün ohnediess ruhiger Art ist und so alle Drei einander näher sind, einander nicht „abstossen", wie jene drei andern. Angenehm ist allerdings diese Trias gleichfalls in hohem Grade, weil sie milder ist als der Urakkord, der durch seine Härte wenig wolthut; aber sie ist auch ästhetisch schön durch ihre wolvermittelte Harmonie. Gegen die Behauptung, dass Farbenschönheit eigentlich Annehmlichkeit der Farbe sei, sprechen auch sonst Farben und Farbenzusammenstellungen, welche in hohem Grade schön sind ohne in gleich hohem Grade angenehm zu sein, ja trotzdem dass sie eher unangenehm als angenehm sind. Blau und Violett jedes für sich sind nicht specifisch angenehm, aber schön und zwar wie schön! ersteres durch sein gedämpftes und doch nicht irgend trübes und dabei zartes und reines Dunkel, letzteres durch den Verein düsterer Gedämpftheit mit energisch hervorleuchtender Röthe. Der Kontrast von Schwarz und Weiss ist zu „hart", um angenehm zu sein; aber ästhetisch kann er durch seine „unverfrorene" Entschiedenheit und unumwundene Klarheit am rechten Orte trefflich wirken. Ähnlich verhält es sich mit den Klangfarben. Vermehren wir das Saitenorchester durch die verschiedenen Blasinstrumente, so bekommen wir zu jenem eine Reihe von Tonexistenzen hinzu, deren jede eine so ziemlich gleiche eigenthümliche Schönheit mitbringt, obwol die (direkte) Annehmlichkeit keineswegs bei allen dieselbe ist, indem z. B. gewisse dumpf näselnde Instrumente das specifisch Angenehme einer Flöte, eines Waldhorns, einer Trompete gar nicht an sich haben.

Gehen wir nun auch den umgekehrten, s. z. s. apriorischen Weg, indem wir die allbekannten Gestaltungsweisen ansehen, welche im Leben und in der Wissenschaft als „Formen des Schönen" gelten.

Selbst Hegel und Vischer kommen mit dem blossen Princip des innerlichen Beseeltseins, des Erfülltseins eines Äussern mit innerem Lebensgehalt nicht aus. Ersterer redet in seiner Ästhetik oft genug davon, dass ein schönes Kunstwerk auch dem Inhalte nach nichts Triviales, in sich selbst Widriges u. s. f. an sich haben dürfe, er sagt in seiner Philosophie der Geschichte: „es gibt nicht nur eine klassische Form, sondern auch einen klassischen Inhalt", und er drückt sich häufig so aus, dass „das Zusammenstimmen des Äussern und Innern" die Schönheit ausmache; es versteht sich ja ganz von selber, dass nicht jede Art von Belebtheit, Beseeltheit, Geistesgehalt etwas Schönes ergeben kann, da ja sonst das Schlechte und Böse, wenn es nur sinnlich anschaulich erscheint, auch schön, so schön wie das erscheinende Gute wäre. Auch Vischer kommt darauf hinaus: nicht Beseeltheit allein ist schön, sondern „das Beseelte ist nur dann schön, wenn es zugleich harmonisch ist, nicht alles Beseelte aber ist harmonisch, Schönheit entsteht da, wo Beseeltheit und Harmonie zusammentreffen, und man kann somit das Schöne definiren durch Einheit von Harmonie und Beseeltheit". Aber er besteht zugleich darauf, Harmonie als solche sei nicht schön, sondern sie werde erst schön, wenn sie an einem Beseelten erscheine. „Harmonisch", sagt er, „ist Vieles, ohne schön zu sein, harmonisch ist z. B. jedes Werk der mechanisch technischen Arbeit, harmonisch ein wissenschaftliches System, eine richtige Rechnung; warum sind diese Dinge nicht auch schön? weil sie nicht beseelt sind im Sinn eines frei lebendig individuellen Wesens". Hiegegen ist zu sagen: schön ist alles Harmonische, wenn (S. 28) die harmonische Gestaltung oder Form in anschauliche Erscheinung tritt (welche Anschaulichkeit allerdings das „Individuelle", selbst das noch nicht Beseelte, vorzugsweise an sich hat); diese Bedingung des Anschaulichseins wird, wie Vischer selbst (5, 82) es auch hervorhebt, überall mitgedacht, wenn man von Formschönheit spricht; ohne Anschaulichkeit ist nichts schön, und schon Anschaulichkeit kann einem harmonisch Gestalteten, auch wenn es nur Objekt, nicht Subjekt ist, zur Schönheit helfen. Eine richtige Rechnung ist deswegen nicht schön, weil die „Harmonie", mit welcher in ihr Alles addirt, subtrahirt, multiplicirt, dividirt ist, nicht in äussere anschauliche Erscheinung tritt; z. B. $2 \times 3 = 6$ sieht ästhetisch betrachtet gerade so aus, wie $2 \times 3 = 4$; dem $2 \times 3 = 4$ sieht man nicht an, dass ein Fehler, eine „Disharmonie" drin steckt; selbst wenn man die Veranschaulichung etwa so ins Werk richten wollte, dass man links zwei Reihen von drei Punkten über einander, rechts eine Reihe von drei Punkten und unter dieser Einen Punkt setzte und nun zwischen hinein das mathematische Gleichheitszeichen oder die Worte „ist gleich" schriebe, selbst dann wäre die Unrichtigkeit nicht gehörig herausgestellt, weil das „gleich" (sei's im Zeichen sei's im Wort) zu abstrakt ist. Auch kommt hinzu, dass schon die Zahl selbst zu abstrakt, d. h. zu unanschaulich ist, als dass aus ihr Schönheit hervorspringen könnte. Also: an dem Mangel der Anschaulichkeit, nicht an dem der Bescheltheit liegt es, dass die richtige Rechnung nicht schön ist. Anders ist es bei einem Bildniss; auf ihm ist jede Unrichtigkeit („Inkorrektheit"), jede naturwidrige Verzeichnung unschön, die Korrektheit aber schön (obwol auch nur eine Art von Schönheit, nicht die ganze Schönheit), selbst wenn das Original oder der natürliche Typus (z. B. eines widerlichen Thiers) unschön ist; man darf nur ein inkorrektes und ein korrektes Bildniss neben einander stellen, so wird man letzteres schön finden. Von einem wirklich harmonisch aufgebauten, sich überall harmonisch gliedernden, harmonisch das Ende mit dem Anfang verknüpfenden philosophischen System wird man sicher den Eindruck eines schönen wissenschaftlichen Kunstwerks zurückbringen, wenn man es dazu gebracht hat, dass einem

diese harmonische Gestaltung in ihrer Ganzheit klar vor der Seele
schwebt. Ein Werk der mechanisch technischen Arbeit ist vollauf
schön, wenn alle Bedingungen harmonischer Komposition, welche bei
ihm in Frage kommen, in ihm verwirklicht sind, und wenn diese
Harmonie der Komposition an ihm anschaulich heraustritt; so schon
ein in harmonischem Aufbau konstruirter Pokal, ein Gefäss, ein Thron,
sodann ein so geformtes Haus, ein Palast; ein Pflug freilich nicht
wegen des specifisch unharmonischen Auseinanderstehens seiner einzelnen
Hölzer u. s. w. oder wegen der specifischen Disharmonie der Linien
und Winkel, welche er dem Auge darbietet. Den ästhetischen Werth
der Beseeltheit selbst leugnen wir ganz und gar nicht; Vischer
hat sie namentlich dem Herbartianismus gegenüber mit trefflich beredter
Energie in den Vordergrund gestellt; sowol das mehr nur allgemein
oder formal Lebendige, d. h. das Regsame, Keimende, Sprossende,
das Bewegte aller und jeder Art, das Lebenswarme, Lebenglühende,
von Leben Strotzende, ebenso das Lebengebende, d. h. das Belebende,
Beseelende, Erquickende, Erfrischende [1]) u. s. w., wo und wie es
irgend erscheine, hat seine Schönheit, als auch das material Lebens-
volle, d. h. die Inhaltfülle, der Gehaltreichthum, die Gehaltstiefe,
und selbst das Verwerfliche, das Böse hat Schönheit, wenn es
in lebendiger Kraft und Thätigkeit erscheint (so dass in diesem
Falle das Beseelte sogar ohne Harmonie Schönheit besitzt). Aber
was dem einen recht ist, ist dem andern billig; Harmonie ist auch

---

1) In Verbindung mit dem Begriff der Lebendigkeit erhalten sonst blos „pathologische" Begriffe, wie Wärme und ihr Gegentheil (ob. S. 9), auch ästhetische Bedeutung,
und zwar sehr weitgreifender Art, namentlich im Gebiet der Farbe; was nach warmem
d. h. intensiv regem Leben aussieht, ist schön, und auch das Kühle bis zum Kalten hin
ist es, sobald sich mit ihm die Vorstellung des Erquickenden und Erfrischenden im
Gegensatz zum Dumpfen, Drückenden, Erstickenden verknüpft.

schön, und: wird die Beseeltheit durch Harmonie schön, so muss doch die Harmonie selbst schon schön sein, da Etwas, das keine Schönheit hätte, gewiss nicht im Stande wäre einem Andern Schönheit mitzutheilen. Selbstverständlich ist, dass, wie Alles, so auch das Harmonische nur unter der Bedingung schön wirkt, dass etwaige weitere Schönheitsbedingungen, welche bei einem Naturobjekt oder Kunstwerk nöthig sind, um es ganz schön zu machen, nicht versäumt sind; so darf bei einem Pokal die Farbe nicht eine widrige, bei einem Gebäude das Material nicht ein zu dürftiges und brüchiges, die Formen der einzelnen Gliederungen dürfen nicht weder charakterlos schwächlich noch üppig geschweift und geschnörkelt sein u. s. f. Die Schönheit ist selten ein Einfaches; sie erwächst bei jedem zusammengesetzteren Gegenstande aus einer Verbindung und Verschmelzung mehrerer oder weniger ästhetischer Momente, und es hilft einem Gegenstande nichts, wenn nicht alle diese Schönheitsbedingungen, die zusammen eben seine Schönheit ausmachen, in ihm (natürlich selbst wieder harmonisch und wenn er ein beseelter ist als in sein Leben aufgenommen und es zu voller Darstellung mitherhebend) sich zusammenfinden.

Wie mit der Harmonie, so verhält es sich auch mit andern „Schönheitsformen". Regelmässigkeit ist gewiss nicht die einzige Form des Schönen, und sie ist nicht die rechte Form für gar manche schöne Dinge, namentlich in ihren strengsten Gestaltungen, wie schnurgerade Linienerstreckung und dergleichen. Aber sie hat doch ihre Schönheit da, wo sie am Platze ist. Komme ich an eine Sägemühle im Schwarzwald und sehe da allerhand Holzstücke in ordnungslosem Durcheinander herumliegen, so verspüre ich von Schönheit nichts; gehe ich aber weiter und finde regelmässig geschnittene Oblonge frischen Holzes regelmässig zu Quadraten auf einander gelegt, welche in regelmässiger Entfernung d. h. in gleichen Zwischenräumen und parallel in Einer Linie gereiht sind, so bin ich auf einmal ganz anders berührt, ich bin, wenn auch an einem unbedeutenden Gegenstande, ins Gebiet der Form eingetreten und sage: Das ist, wenn auch blos „hübsch", doch schöner als das Gerümpel, durch welches ich vorher hindurchwandern musste. Gelange ich weiter an einen Bauplatz und sehe neben Haufen von Steinen und Sand, welche ungeregelt herumliegen, einzelne Stein- und Sandmassen regelmässig zusammengeschichtet und regelmässig neben einander gestellt in der Gestalt von (abgeflachten) vierseitigen Pyramiden, so finde ich das wiederum „hübsch" und habe meine Freude an dem Formsinn, der sich hier gerade an so unbedeutendem Materiale geregt hat. Die gerade über Thal und Berg hinlaufende, ihrem Ziel unbeirrt zustrebende Strasse ist, obwol blos Strasse, schöner als die principlos, nicht einmal in einigermassen regelmässigen Schlangenwindungen, sich hinundhertreibende. Der schräg nach einer Seite gewachsene Baum verletzt mich, weil ich denke: was doch einmal nach oben wachsen will, soll es auch ganz, also rein vertikal, nicht aber wieder dem Boden zu sich neigend, thun; beim hohen Tannenbaum erfreut mich ausser seiner regelmässigen Vertikalität allerdings auch noch etwas Weiteres, nämlich die mir durch dieselbe zu lebendiger Vorstellung gebrachte Kraft des organischen Wachsthums, trotz aller niederziehenden Schwere und trotz tausend hemmenden Natureinflüssen die gerade Linie des Sichstreckens nach oben unabgeschwächt einzuhalten. Den Rundbau verlange ich ganz und gar regelrecht rund und hasse daher die elliptischen Gebäude als unselige Mitteldinge zwischen Rund- und Langbau; die runde Exedra am Ende des Langbau's will ich wie diesen regelmässig, als Kreisbogen oder Halbkreis oder als regelmässigen Polygontheil haben; baut mir einer ein unregelmässig quadratisches Haus, so nehme ich es nicht an, selbst wenn er mir beweisen wollte, dass es viel zweckmässiger sei als ein regelrechtes. Sonne, Mond und Sterne, auch Saturn in und mit seinem Ringe, sehen Gottlob wie regelmässig runde Scheiben aus; der Hohenstaufen, in der Ferne zu einem regelmässigen schlanken Kegel sich zusammenziehend, ist mir lieber, als seine weit mehr höckerichte wahre Figur in nächster Nähe. Zahllose Gegenstände sind es, die durch Regelmässigkeit gefallen; es ist immer nur eine durch besondere Ursachen begründete Ausnahme, wenn ihr Gegentheil erlaubt oder gar gefällig ist. Wer kann ebenso Unsymmetrie und Unproportion ansehen, ausser wenn sie zugleich komisch sind, oder wenn sie passen zu romantischer Wildheit von Berg- und Felsbildungen oder zur Erhabenheit sei's einer Gegend sei's sturmbewegter Elemente? Wie wahrhaft entzückend ist es dagegen, eine riesenhafte Bergpyramide am Ende eines Gebirgsthales in symmetrischer Mitte zwischen beiden Thalseiten aufsteigen oder einen mehr kegelförmig gebauten Bergkolossen rechts und links in ganz symmetrisch entsprechend ansteigenden weich geschlungenen Umrissen sich nach oben heben zu sehen! Das kleinste Haus ist hübsch, an welchem wir durchgeführte Proportionirtheit der Dimensionen und der einzelnen Theile und Glieder wahrzunehmen glauben, der massenhafteste Bau ist verfehlt, wenn zu Kleines oder zu Grosses an ihm erscheint und das Kleine und Grosse an ihm nicht in wolabgewogenem Verhältniss zu einander stehen. Das nächste beste Lehrbuch der Geometrie und Stereometrie bringt uns auf den Blättern, welche die zu ihm gehörenden Figuren- und Körperzeichnungen enthalten, eine Welt regulärer, symmetrischer und proportionaler Gestaltungen vor Augen, unbedeutend zwar und elementarisch, aber darum doch in sprechender, das Formgefühl nicht gleichgültig lassender, sondern es beifällig anmuthender Erscheinung.

Gehen wir noch weitere Formen des Schönen durch, so erweist

sich unter ihnen eine derselben, welche nicht wie Regelmässigkeit Symmetrie und Proportion mit Harmonie nahe verwandt, sondern von ganz anderer Gattung ist, die **Begrenztheit**, als ausserordentlich fruchtbar in Natur und Kunst. Wer kennt nicht den Reiz der Durchblicke, z. B. den Reiz einer zu beiden Seiten begrenzten Per- oder vielmehr Prospektive, sei es in Höhenaussichten und in Schluchten- und Thalbildungen, welche eine solche gewähren, sei es in säulenumwallten Hallen von Portiken oder Kirchen? wer kennt nicht ebenso den Reiz des Abschlusses einer solchen Längenprospektive durch einen Hintergrund, der einen solchen wirklich gibt, durch Berge am äussersten Horizont, durch Exedren, „Chöre" und dergleichen? wer weiss es, auch wenn er kein Gothiker ist, der so benannten Architektur nicht zu Dank, dass sie die Abschlüsse ihrer Kirchenbauten in einer eben diesen Begriff des Abschlusses so ungemein sprechend ausdrückenden polygonen Gestaltung gebildet hat? wer zieht diese nicht den geradlinigen Chorabschlüssen vor, die das Ganze mehr blos abschneiden, als „abschliessen?" wer ist nicht froh, wenn er an Gebäuden rhythmische Theilungen, wie Säulen, Pilaster, Gesimse sie bewirken, sieht, statt unterschiedloser Gleichförmigkeit der langen und hohen Flächen? Und ferner: einerseits **Einfachheit** der Gestaltung, wie der Kreis sie allen andern Figuren gegenüber hat, und ebenso wohlübersichtlich das Einzelne zusammenfassende **Ordnung, Gruppirung und Koncentrirung**, andrerseits am rechten Orte eine **mannigfaltig zusammengesetzte Bildung, Verästung, Verzweigung**, desgleichen ein vollkommen freies **Nebeneinanderlagern und = stehen**, wie das vielgezackte Hochgebirg, wie überhaupt die „freie grosse Natur" es zeigt, ist das Alles nicht voll von anziehender Schönheit? Und ebenso die **Grösse** selber, d. h. sowol die „kontinuirliche Grösse", die Stattlichkeit, Geräumigkeit, Kolossalität, Riesenhaftigkeit, Erhabenheit (auch wenn sie nicht zugleich symmetrisch-harmonisch sind), als die „diskrete Grösse", die Vielheit, der Reichthum, und endlich die Vereinigung beider, die Massenhaftigkeit, die unendlich scheinende Fülle grosser Gestalten, und auf der andern Seite die Kleinheit, die Feinheit, die Zierlichkeit, die Niedlichkeit, die fast unfassbare Winzigkeit von Geschöpfen sei's der Wirklichkeit oder der Phantasie, dann weiter die Kraft und Stärke, die Milde und die Zartheit u. s. f.: will man einem philosophischen Dogmatismus zu lieb leugnen, dass da alle mögliche Schönheit, entweder imposant oder reizend, sich einfindet? oder will man, wie Zimmermann, das Kleine seines unendlichen Reizes berauben, weil in Herbart's „Allgemeiner praktischer Philosophie" geschrieben steht, „im blossen Grössenverhältniss gefällt das Stärkere neben dem Schwächern, missfällt das Schwächere neben dem Stärkern; der grosse Mensch ist dreifach gross, seine Kraft hat Stärke, Reichthum, Gesundheit, bei dem Mindergrossen ist der Sitz der Schwäche theils in der Mattigkeit theils in der Beschränktheit theils in der Zerstreuung oder im Widerstreit der Kräfte?" Das Alles gilt für die Ethik, welche möglichste Vollkommenheit der Persönlichkeit verlangt, nicht für die Ästhetik, welche alle und jede „Vollkommenheiten" der Erscheinung aufsucht und jeder ihr Recht angedeihen lässt. Wohin soll es ferner mit der Naturschönheit kommen, und wie soll die Malerei, welche im Vorführen mannigfaltig charakterhaften Daseins ihr Wesen hat, als schöne Kunst möglich sein, wenn nicht theils der Mannigfaltigkeit (welche nach moderner Lehre blos Moment der Harmonie sein soll) theils der charakteristischen Erscheinung ihr selbstständiger Schönheitswerth gewahrt wird? Die Mannigfaltigkeit gefällt als solche, wie die Einheit; wenn zu ihr Harmonie hinzukommt, so entsteht eine neue Form, die der harmonischen Totalität z. B. von Charakteren eines Epos oder eines Drama's oder von Individualitäten eines grössern Gemäldes, welche einen vollständigen Cyclus einander ergänzender Gestalten bilden (Ästh. S. 273); Mannigfaltigkeit ist aber auch so, ohne diese harmonische Geschlossenheit, schön, obwol nicht sie allein schön ist, und obwol ein gewisses Mass ihr gesetzt ist, damit man nicht durch ihre Überschwenglichkeit betäubt und abgespannt werde. Dem Grossen und Kräftigen entspricht Dasjenige, was hervorsticht durch Bedeutsamkeit, Werthfülle, Gewichtigkeit; gerade diese Schönheitsform ist ganz besonders zu beachten; sie ist das Thor, zu welchem der Gehalt Einlass in das Schönheitsgebiet findet; gehaltvolle Form ist ein Formreichthum, der einen Vorzug hat vor dem Inhaltleeren; wir wollen (wovon unten) in der Kunst Inhalt, d. h. in jeder Kunst so viel Inhalt sehen, als eben sie specifisch darzustellen vermag, wir wollen solchen Inhalt sehen um seiner selbst willen, um auch sachlich (nicht blos formal-ästhetisch) Etwas aus der Hand der Kunst zu empfangen und so möglichst reiche Geistesnahrung von ihr zu erhalten, aber wir dürften, da Schönheit das erste Gesetz oder das allgegenwärtige Ideal der Kunst ist, in dessen Verwirklichung sie ihre höchste und mit Niemand anders zu theilende Würde erblickt, — wir dürften Inhalt von ihr nicht verlangen, wenn es nicht auch schön wäre, dass sie Inhalt hat; diess ist aber zum Glück wirklich der Fall, weil Bedeutungsfülle, wie Inhalt sie gewährt, auch eine wolgefällige Formbeschaffenheit ist. Ein nochmaliges Eingehen auf die Form der Harmonie und ihre so äusserst reichen (freilich nicht überall vollständig zusammengestellten und richtig geordneten) Verzweigungen unterlassen wir hier, da sie von Vischer und von Zimmermann in ihrer ästhetischen Gültigkeit nicht beanstandet ist.

„Das Erhabene, das Komische u. s. w., das sind", sagt Vischer, „entweder veraltete Kategorien, oder sie gelten nur noch unter der

Bedingung, dass die Behandlung alsbald die Abstraktion der Bezeichnung verbessert", d. h. wol auch in den Begriffen des Erhabenen und Komischen ein Gehaltsmoment nachzuweisen sucht. So weit ist es demnach gekommen, dass Gestaltungen, wie Erhabenheit und Komik, mit dem Schicksal des Veraltens bedroht zu werden fürchten müssen! Die Systeme wechseln, die Dinge aber bleiben, und so werden wol auch das Erhabene und das Komische aus der Welt nicht verschwinden, solange nicht aller Sinn für die Grösse des Ungemeinen und für die Belachnugswürdigkeit des schadlos Ungereimten (s. u.) aus den Herzen entwichen ist. Ich kenne nichts Geistvolleres, als die Formencharakterisirungen, welche Vischer's Ästhetik überall, namentlich z. B. in der Schilderung der gothischen Baukunst, gibt, und doch sehen wir ihn, vermöge ausschliessender Begeisterung für das Princip innerer Beseelung der Kunst im Gegensatze zu aller blossen Formäusserlichkeit, das Gebiet der ästhetischen Grundbegriffe so begrenzen, dass in den Rahmen derselben nicht Alles, was an schöner Form wirklich existirt, hineingepasst werden kann. Reisset diese selbst aufgerichteten Schranken muthig ein, so werdet ihr aus dem Zwiespalt zwischen der Wissenschaft und der Wirklichkeit, um welchen freilich diese sich nicht irgend kümmert, mit Einem Satze heraus sein! Die Idee des Schönen ist nicht so exklusiv, so aristokratisch, wie eure Systeme sie darstellen; sie wohnt nicht blos im harmonisch Beseelten, sie theilt ihre Schätze freigebig, wenn auch in einer vielgegliederten Skala verschiedener Masse und Grade, an eine Unzahl von Gestaltungen aus, welche überall die Welt erfüllen. Bei Hegel war die Definition des Schönen als des Scheinens der Idee folgerecht, weil ihm überhaupt die „Idee", das geistige Princip in unendlicher Selbstbethätigung, Alles ist: sie ist zuerst Natur, unbewusst lebendiges Sein; sie wird im Menschen bewusster Geist, und damit gelangt sie endlich auch zum vollen Erkennen ihrer selbst in Kunst, Religion, Philosophie, und zwar in ersterer in der Form des Sichselbsterscheinens in den geistbeseelten Werken, welche jene hervorbringt (wie in der Religion in ihrer über alles Einzeldasein übergreifenden, in der Philosophie in ihrer alles Einzeldasein zu Einem Ganzen zusammenhaltenden Unendlichkeit). Allein die Hegel'sche Philosophie ist nicht die ganze Wahrheit; sie ist wie andere Systeme eine individuelle Weltauffassung, die wol ihren Werth, aber nicht alleinige Gültigkeit besitzt. Alle Systeme zeigen uns die Welt von einer gewissen Seite, lehren uns sie nach dieser oder jener Seite hin anschauen, und insoweit sie mit dieser ihrer Auffassung etwas im Wesen der Welt thatsächlich Begründetes treffen, haben sie Wahrheit. Aber etwas hievon völlig Verschiedenes ist es mit der Erkenntniss der wirklichen Dinge selber (zu welchen auch die in der Natur empfindender Wesen unabänderlich sich erzeugenden Formen des Empfindens, sei es des pathologischen oder des ästhetischen, gehören) nach ihrem ganzen Umfang und ganzen Inhalt. Diese Erkenntniss vermögen wir nicht aus einem Systeme zu schöpfen, welches die Welt doch vielleicht nur von einem bestimmten und daher möglicherweise einseitigen Gesichtspunkt betrachtet; diese können wir nur den Dingen selbst entnehmen, soweit unser Wissen von ihnen reicht. Das Erkennen des Wirklichen, des Gegebenen bietet einen Massstab für die Prüfung der Wahrheit eines philosophischen Systems; nicht aber kann ein System sagen, was du oder dort im Gebiet des Wirklichen die Wahrheit sei; es kann das empirisch Erkannte in seine Weltanschauung aufnehmen und von ihm aus dieselbe so oder anders weiter gestalten, aber es kann nicht sagen, dass Diess oder Jenes, das ist, so oder anders sei; das Sein geht dem Denken vorher, nicht umgekehrt. Allerdings kann ein philosophisches System durch die Gesammtrichtung seiner Weltanschauung befähigt sein, dieses oder jenes

Wirkliche, das etwa sonst weniger beachtet und weniger vollständig und richtig erkannt wurde, aufzufinden, es gebührend herauszuheben und es wahrheitsgemäss aufzufassen; so hat namentlich auch die Herbart'sche Philosophie eine Reihe philosophischer, insbesondere psychologischer Probleme mit einer Kunst logischer Zerlegung der Dinge und der Komplexe der Dinge in ihre Elemente behandelt, welche ein sehr heilsames Gegengewicht bildet gegen alles oberflächliche und nicht gehörig analytische, die Unterschiede der Dinge verwischende Philosophiren; so ist Kant durch seine anderswo zu subjektive Anschauung von der menschlichen Erkenntniss zu der richtigen Einsicht gekommen, dass Schönheit eine Eigenschaft ist, welche wir gewissen Formbeschaffenheiten der Dinge beilegen; so hat andrerseits Hegel seinem Princip der Idee es zu verdanken gehabt, dass er die Kunst nicht als blosses Formenspiel, sondern als eine Schöpfung des Geistes erkannte, in welcher dieser seinem innern Wesen und Leben anschauliche Gestalt, vollzureichenden äussern Ausdruck gibt. Allein, so verfehlt es wäre, wenn man einmal zu philosophiren begehrt, nicht von jedem Philosophen das lernen zu wollen, was eben er uns lehren kann und eben er zum ersten Male mit der ganzen Begeisterung und Energie eines nach Umfassung des Gesammtdaseins strebenden Denkens gelehrt hat, so sehr müssen wir jedem auch misstrauen, damit wir nicht etwa dahin kommen, die Welt nur durch sein Auge hindurch anzusehen und so vielleicht Manches in ihr gar nicht oder wenigstens nicht in richtiger Beleuchtung zu erblicken. Man klagt, dass der Glaube an philosophische Systeme dahin sei; im Gegentheil: man muss froh sein, dass wir wieder völlig freien Blick in die lebendige Wirklichkeit hinein gewonnen haben; das Interesse an den Systemen soll nie aufhören, aber ihrer Vormundschaft können wir uns nicht mehr untergeben.

Fassen wir nunmehr das Moment des Beseeltseins insbesondere durch Ausdruck innern geistigen Lebens näher ins Auge, so geben wir natürlich gerne zu, dass es in der Kunst von wesentlicher Bedeutung ist. Schon beim Anschauen der Natur werden wir nur dann tiefer ergriffen, wenn etwas Geistiges aus ihr hervorzuquellen scheint, wenn die Beleuchtung einer Gegend, die Gestaltung ihres Terrains, ihre dunkle Bewaldung und dergleichen eine zu unsrem Gemüth redende Stimmung auszusprechen, „Symbol einer solchen zu sein scheint. Verlangen jedoch können wir diess von der Natur nicht, und es ist auch in der That sehr viel Missbrauch mit einer künstlich in die Natur hineingeheimsten Farben-, Stein-, Pflanzensymbolik getrieben worden. Die Natur ist Sein, nicht begeistete Individualität, mit der wir Du auf Du zu stehen fordern dürfen; ästhetisch sind wir bei ihr zunächst damit zufrieden, dass sie schön ist. Anders dagegen ist es mit der Kunst. In ihr redet ein Geist zum andern Geist; also verlangen wir von ihr auch Ausdruck oder geradezu direkte Aussprache von etwas Geistigem, somit „geistigen Inhalt", „Idee". Wir verlangen Geistesinhalt von ihr, wie wir ihn von jedem Geisteswerk verlangen; wir verlangen ihn nicht blos, weil es schön ist, dass ein Kunstwerk Gehalt hat (S. 41), sondern zugleich, weil das Kunstwerk ein vom Menschen für den Menschen Gemachtes ist und wir daher mit Recht erwarten und begehren, dass es uns auch etwas menschheitlich Ansprechendes, etwas menschlich Interessirendes zu geben und zu sagen wisse! Wir gehen hierin so weit, dass wir unter gewissen Umständen sogar von strengern Forderungen in Betreff der Form abgehen; wir erfreuen uns z. B. an der altdeutschen Malerei, weil sie trotz ihrer Fehler und Härten in der Form den Gemüthsinhalt, den sie wiedergeben will, so innig ernst und warm, so naiv und treuherzig darstellt, dass wir uns von ihr innerlichst angesprochen finden

und oft genug zu ihr zurückfliehen, wenn wir es in der Übersättigung mit äusserem Formwesen nicht mehr aushalten, mit welcher die moderne Kunst seit dem siebzehnten Jahrhundert so vielfach uns bedrängt; die einfache und gediegene Gehaltswahrheit und die in ihr liegende ethische Schönheit ist uns da lieber als das Formübermass. Indess bleibt allseitige Schönheit der Gestaltung stets das oberste Gesetz der Kunst; denn nur die Formvollendung unterscheidet sie specifisch von jeder andern Geistesthätigkeit; das Innere des Gemüths kann auch noch auf andere Weise als durch die Kunst, durch sprachliche Mittheilung, durch Handeln und Thun offenbar werden; selbst jene altdeutschen Meister strebten nach so viel Schönheit, als sie verstanden und vermochten, z. B. in Farbe und Schmuck, in landschaftlichem und sonstigem „Beiwerk", in kräftigen Mannes-, in frischen und schlanken Jünglingsgestalten. Der höchste ästhetische Werth eines Kunstwerkes liegt in seiner Schönheit, nicht in seinem Inhalt. Rafael's Sixtina ist nicht deswegen eines der höchsten Kunstwerke, weil sie die Mater gloriosa darstellt, sondern weil sie sie darstellt in einer hohen und doch nicht irgend äusserlichen Majestät, in einer gloriosen Umwallung durch die in den herrlichsten Massen und Linien sie umschwebende Gewandung, in einer Zusammenstellung mit andern sie würdevoll umgebenden Persönlichkeiten, und dieses Ganze in so herrlicher frei symmetrischer Gruppirung und in so lichter einfacher Klarheit, dass wir hier gerade in Betreff der Schönheit, allerdings der zugleich durch den „Hinanzug des Werkes zum Jenseits" feierlich ernst ergreifenden Schönheit — diess ist an ihm „Gehaltsmoment" —, „am Ende sind." Wir sind dankbar dafür, dass die hellenische Kunst den ganzen Kreis des antiken religiösen Mythus zur Darstellung gebracht hat; aber diess ist mehr das historische, intellektuelle, menschliche Interesse, das sie uns einflösst, wie es z. B. der Fall ist auch bei ägyptischer, assyrischer Kunst; ästhetisch ist es ihre Schönheit, was uns unbedingt anzieht, durch ihre Schönheit allein ist diese Kunst unsterblich. Auch sind die einzelnen Künste der Forderung geistigen Gehalts nur in sehr verschiedenem Mass unterworfen. Von der Architektur fordert Jedermann Schönheit, wenn sie Kunst sein will; Stimmung darf man von ihr schon nicht so verlangen, da in ihr am wenigsten der Mensch zum Menschen „reden" kann; freilich fehlen soll sie nicht, namentlich in den Innenräumen, welchen hiezu die Mittel der Beleuchtung und der Farbengebung vollauf zu Gebote stehen; eine stimmungslose und zudem durch Masse und äusserliche Pracht erdrückende Architektur ist immer etwas widerlich Todtes und Kaltes. Die Plastik muss nicht nur Schönheit, sondern auch Ausdruck haben, wie der Mensch selbst, welchen sie darstellt, und zwar bestimmten Ausdruck individuell konkreten Lebens, Empfindens, Wollens; ebenso die Malerei. Specifische Künste des Ausdrucks sind Mimik und Musik; aber einen bestimmten Geistesgehalt vermag letztere doch nicht darzustellen, daher Vischer sie eine „sonderbare Kunst" nennt; Schönheit eines nur ganz allgemein, unindividuell, freilich aber eines unbedingt „lebendig beseelt" sich erhebenden und weiter treibenden Bewegens, Schönheit des Aufbau's, des Fortschritts und Fortdrangs dieser musikalischen Bewegung, Schönheit der musikalischen Wendungen, Hebungen, Senkungen, Evolutionen, Digressionen da und dorthin, Schönheit der musikalischen Formgedanken und Harmonien, Schönheit des Wechsels von Stärke und Zartheit, von Fülle und Feinheit, von bald dunklerem bald hellerem Kolorit, allerdings, um Einheit zu haben statt stilloser Zerfahrenheit und um auch zu Gemüth und Geist zu reden, stets eine Stimmungssphäre ergreifend, solche Stimmung einhaltend, sie etwa auch durch grosse Gegensätze durchführend, das ist das Wesentliche dieser Kunst; immerhin aber hat sie zugleich Mittel, um hin und wieder auch eine einzelne Empfindung, Leidenschaft, ja selbst diese oder jene Begebenheit oder Handlung zu „malen", d. h. sie zwar nur allgemein tonisch, abgelöst von aller nur durch die Sprache möglichen konkreten Individualisirung, aber doch in charakteristischem Abbild wiederzugeben. Von der Dichtung erwarten wir natürlich Gehalt, da sie die specifisch redende, Innerlichgedachtes nach aussen aussprechende Kunst ist. In den „verschönernden" Künsten dagegen gilt wieder nur die Schönheit selbst auch ohne Inhalt und feiert in ihnen durch sich allein zahllose Triumphe. Behufs Begründung seines Satzes, dass „das Schöne" dem Menschen Beseelung durch Geistesgehalt entgegenzubringen habe, sagt Vischer, schön im strengen Sinne dürfe nichts heissen, was den innern Menschen gleichgültig lasse, nicht ideale Lust errege, der Mensch suche in aller ästhetischen Anschauung sich selbst und könne nichts schön finden, „was ihn nicht angeht". Hierauf möchte ich erwiedern: was mir gefällt, geht mich doch an, und wenn es auch nur Form ist; „wenn Du mich lieb hast", könnte die Form sagen, „gehe ich Dich nichts an?" Vom „Schönen" im Sinne des Kunstschönen gilt Alles trefflich, was Vischer ausführt; allein Schönheit in ihrem eigentlichen Sinne ist Formsache, wie Vischer selbst durch Zufügung der „Harmonie" zum Gehalt zugibt.

Unsere Auffassung der Schönheit als Formwesen kommt (ausser den verschönernden Künsten) namentlich dem von Hegel so stiefväterlich behandelten Naturschönen zu statten. Es ist freilich arm an Geistesausdruck im Vergleich mit der aus dem Geiste geborenen Kunst; aber es ist um so reicher an wolgefälliger Gestaltung aller Art. Des Naturschönen sich anzunehmen ist eben jetzt die rechte Zeit; von der Fichtisch-Hegel'schen Lobpreisung der Superiorität des Geistes über die Natur ist man, auch wenn man gar nicht materialistisch oder geistlos empiristisch denkt, in dem Sinne zurückgekommen, dass man sich der

Natur nicht mehr als einem Gegensatze gegenüberstellt, wider welchen, als ob er ein Rivale wäre, der Geist eifrigst sein Recht zu wahren suchen müsste, die Natur ist wieder „unsere Mutter, unsre Schwester, unsre Freundin" geworden. Ihre Schönheit nach allen Seiten hin zu zergliedern ist für die Wissenschaft eine ebenso würdige als dankbare Aufgabe, durch deren Behandlung zugleich auch der Ästhetik der Kunst überallhin fruchtbar vorgearbeitet wird. Zudem hat die Naturschönheit immer auch Etwas voraus vor der Kunstschönheit: sie ist ursprünglich, unergründlich, dauernd, nicht gemacht; sie ist reell, körperhaft, massig und massiv, nicht ideelles Produkt; sie ist gross, weit, allumschliessend, erhaben, nicht Miniatur; sie ist lebendig, nicht todt, wie wenigstens die Werke der bildenden Künste es sind, sie hat die Blüthe und die Regsamkeit nicht geliehener, sondern wirklicher Lebensfülle.

Die in Vorstehendem entwickelte Auffassung der Schönheit als Formwesens liegt im Wesentlichen, jedoch in anderer Behandlung (namentlich ohne besondere Erörterung des Verhältnisses des Schönen zum Angenehmen) schon meiner Ästhetik zu Grunde. Die in derselben gegebene psychologische Begründung sowol des Schönheitsbegriffs überhaupt als der einzelnen „Schönheitsformen" wurde einst von mehrern Seiten als unspekulativer Empirismus angefochten. Jetzt stehen die Sachen anders; Niemand kann mehr vorgehen ohne diesen „Empirismus", der meinerseits freilich vor 15 Jahren zu früh für die damals noch unüberwundene „spekulative" Anschauung kam. Um so mehr freue ich mich, in dem trefflichen Werke des ehrwürdigen Fechner, „Vorschule der Ästhetik" (1876), den empirisch-psychologischen Standpunkt endlich in ebenso überzeugender als geist- und gedankenreicher Ausführung geltend gemacht zu sehen. Zwar scheidet Fechner das Schöne nicht genug vom Angenehmen, das ästhetische Wolgefallen nicht genug vom pathologischen, die kontemplative Lust des Anschauens nicht genug von der materialen Lust des geniessenden Wolgefühls, indem er sich z. B. auf den angeblich „schön schmeckenden" Wein beruft (s. ob. S. 7); aber er macht klar, dass die Ästhetik „nicht von oben, sondern von unten her" aufgebaut werden muss, und nennt rundweg, weil es ihnen an der empirischen Unterlage fehle, „alle unsere Systeme philosophischer Ästhetik Riesen mit thönernen Füssen" mit Ausnahme einiger, „welche auf den Weg von unten mit einzulenken suchen." Indem ich Fechner dafür danke, dass er auch die meinige unter diesen letztern aufgeführt hat, erlaube ich mir nur zu bemerken, dass ich den Begriff der Schönheit nicht von oben her, aus der „Phantasie", sondern stets „von unten her", aus dem „wolgefälligen Eindruck der in Bestimmtheit erscheinenden Form auf den Beschauer" abgeleitet habe, und dass ich die Phantasie lediglich als dasjenige Seelenvermögen nahm, mit dessen Thätigkeit die Formeindrücke sich einstellen, ohne dessen Thätigkeit sie nicht entstehen (weil man eine Form ja vorher vorstellen muss, ehe man Wolgefallen oder Missfallen an ihr empfinden kann), in dessen Thätigkeitskreis somit das Schönfinden von Etwas fällt (vgl. Fechner selbst II, S. 159. 162). Mit Genugthuung finde ich ferner, dass Fechner auf seinem „empirischen" Wege so ziemlich zu denselben „Schönheitsformen" gelangt, wie ich sie in meiner Ästhetik aufgeführt habe. Namentlich führt auch er das Komische auf einen „nicht ernsthaften, keine sachliche Unlust mit sich führenden Widerspruch" einer Vorstellung mit dem gewohnten Gange unseres Vorstellens zurück. Seit Jahren bemerkt Carriere gegen die von mir aufgenommene aristotelische Definition des Komischen als unschädlichen Widerspruchs immer wieder, ein Messer mit Scharten sei ein unschädlicher Widerspruch und doch sei es nicht komisch. Dass ein Messer Scharten bekommt, ist nicht im Mindesten ein Widerspruch; denn es liegt in der Natur einer dünnen stählernen Klinge, dass sie durch den Gebrauch schartig wird; ein Widerspruch wäre vielmehr dies, dass sie keine Scharten bekäme. Dagegen: wenn Einer ein Messer scharf schleifen will, statt dessen aber Scharten hineinschleift, dann müssen wir lachen, weil er seiner eigenen Absicht zuwiderhandelt, oder weil wir annehmen, er wolle Etwas, das er nicht kann, was gewiss ein „Widerspruch" ist. Warum aber lachen wir? Wir könnten ihn auch tadeln oder eines Bessern belehren wollen; wir können aber über ihn lachen, wenn wir an nichts denken als an die Unvernunft seines Handelns, oder wenn wir uns blos ästhetisch-kontemplativ (nicht praktisch rügend oder bessernwollend) zu ihr verhalten. Sofern wir uns so verhalten, fällt uns das Widersprechende des Verfahrens sofort auf, und es entsteht in uns unmittelbar das Urtheil, dass dieses Verfahren ein verkehrtes sei, dass es nicht das, was es wolle, sondern das Gegentheil von Dem, was es selbst will, bewirke. Dieses Urtheil ist aber mit einem heitern Eindruck, mit einem „die Sache lustig Finden" verbunden, weil sie so, wie sie uns eben jetzt vorliegt, nichts schadet; weil sie nichts schadet, ergötzt uns die Ungereimtheit, sie bringt in uns kein anderes Gefühl hervor, als das der Lust an dem Wirklichsein von Etwas, das nicht wirklich sein sollte, das Gefühl der Lust darüber, dass, was eigentlich nicht geschehen sollte, doch geschieht, was normal nicht zu existiren berechtigt ist, doch in Existenz tritt, als ob es dazu wirklich befugt wäre; das, was wir komisch nennen, spottet des Gesetzes (so in diesem Falle des Gesetzes des verständigen Handelns) in durchaus widersinniger, aber ebenso durchaus harmloser Weise, und daher empfinden wir ein absolutes Wolgefallen daran, dass nun auch einmal Widersinn zu existiren sich herausnimmt, ein Wolgefallen, das ein ebenso absolutes Vergnügen in uns hervorruft oder uns lachen macht, weil, die Dinge auf den Kopf gestellt zu sehen, uns zugleich „pathologisch subjektiv" in das unendliche Wolgefühl darüber versetzt, dass es nun einmal auch ganz frei, nach Zufall, Willkür, Behagen, ganz unbekümmert um Regel, um Gewohnheit und Brauch in der Welt zugeht, dass geschieht, was da geschehen mag — das ist die mit dem Wolgefallen am Komischen sich verbindende „Annehmlichkeit" (s. S. 5) —. Zu diesem Vergnügen kann sich dann freilich auch das uns kitzelnde Gefühl unserer Überlegenheit über den thöricht Handelnden gesellen; aber es ist dies eine eigenliebig egoistische Verunreinigung der Lust am Komischen, es ist unästhetische Freude über den Fehler eines Zweiten, es ist „schlechte Annehmlichkeit". Sehen wir nun aber auch noch weiter zu, was unser ungeschickter Schleifer mit seiner Schartenklinge beginnt, so kann er mit ihr etwa einen Apfel schälen oder aufschneiden wollen; da schauen wir ziemlich gleichgültig zu, weil man zu diesem Geschäft nicht gerade eine scharfe Klinge braucht, obwol wir denken, gescheiter wäre es immerhin, er würde auch hiezu ein besseres Messer wählen. Jedoch es kann auch kommen, dass er mit seiner Schartenklinge eine Operation vornehmen, Jemanden Hühneraugen ausschneiden oder in ein krankes Fingergelenk hineinschneiden will; damit hört der Spass sofort auf: wir fühlen auch jetzt lebhaft den Widerspruch, die Ungereimtheit, aber nicht mehr mit Lachen, sondern mit Unwillen oder mit Entsetzen, und warum? weil nun die Ungereimtheit eine schädliche, eine gefährliche geworden ist. Wie klar ist der Begriff des Komischen bis zu einem gewissen Grade schon von Platon in der Stelle des Philebos gelegt, auf welcher die aristotelische Definition vielleicht ruht: „Leute, die sich fälschlich für weise halten, sind, wenn sie sich dafür, dass sie ausgelacht werden, nicht rächen können, lächerlich; wenn sie aber hiezu nicht zu schwach sind, sondern sich rächen können, sind sie furchtbar und verderblich". Oder ein Beispiel Fechner's: „wenn ein Ziegel vom Dache fällt, woran man nicht gedacht, so besteht kein Grund der Lächerlichkeit; wenn aber Jemanden etwa ein Ziegelstein vor die Füsse fällt, während er den Fall einer Rose aus schöner Hand erwartete, so wird er das selbst lächerlich finden, falls ihn der Fehlschlag der Erwartung nicht sachlich zu sehr verdriesst, und wir werden es jedenfalls lächerlich finden, die seinen Verdruss nicht theilen.... Auch für uns aber würde der Fall aufhören lächerlich zu sein, wenn der Ziegelstein den Mann todt schlüge oder schwer verletzte, weil die sachliche Unlust an dem Unglück die formale Lust der Lächerlichkeit nicht zur Geltung kommen liesse".

Der Begriff der Formsymbolik (vgl. ob. S. 45) ist in neuerer Zeit namentlich durch Robert Vischer's anregende Schrift „Über das optische Formgefühl" (1873) in den Vordergrund gestellt worden. Geradezu zum ästhetischen Grundbegriff will ihn erheben Volkelt in der Schrift „Der Symbolbegriff in der neuesten Ästhetik" (1876). Er sagt: „Es ist schwer einzusehen, wie der Mensch es anfangen solle, an der Form rein als solcher ästhetisches Gefallen zu finden. Wenn ich z. B. über eine Kugel meine Blicke kühl und ruhig schweifen lasse und von diesem kühlen Anschauen jede Inhaltsbeimischung fern zu halten suche, so dass mir nichts weiter zu Bewusstsein kommt, als dass mir jene Anschauung alle Punkte der Oberfläche als gleich weit vom Mittelpunkte entfernt zeigt, so ist in diesem Anschauen keine Spur von ästhetischem Wolgefallen enthalten, es ist rein mathematisches, gleichgiltiges Anschauen. Soll daraus eine ästhetische Anschauung werden, so müssen wir in der Regelmässigkeit und Harmonie jenes Körpers das Harmoniebedürfniss unsres eigenen Innern befriedigt, gewisse Bedingungen unsres psychischen Wolgefühls bejaht finden. Doch kann diese Mitbetheiligung des Subjekts an dem Zustandekommen des ästhetischen Anschauens unmöglich nur allgemein und abstrakt sein, als würden durch die angeschaute Form nur gewisse allgemeinste Gesetze unsres Innern, nur ganz allgemeine kahle Formen unsres Gefühlsablaufes, kein charakteristischer Seeleninhalt in Anspruch genommen; die Kugel wirkt nur dann ästhetisch, wenn ihre Harmonie, natürlich nur dunkel und ahnungsweise, als Harmonie eines ruhigen, seligen, in sich unendlichen Beschlossenseins gefühlt wird. Das Regelmässige abgesehen von dieser Beseelung berührt nicht die Seele, trifft nur das Auge; wol soll der ästhetisch Geniessende ganz Auge sein, aber nicht todtes Auge, in das sich ihm seine Seele, sein Daseinsgefühl gelegt hat". Ich habe selbst die Sache immer so angesehen, dass jede harmonische Gestaltung **nicht grundlos**, sondern namentlich deswegen gefällt, weil Widerspruch der Seele missfällt, Einstimmung aber den Beifall der Seele hat (vgl. m. Ästh. S. 71). Harmonische Gestaltung ist ein Ideal oder ein **Postulat** der Seele, das wir in einem uns sichtbar werdenden harmonischen Gebilde, wie die Kugel, realisirt sehen; **Realisirung eines Postulats gefällt**; also gefällt die Kugel. Einem „Harmoniebedürfniss unsres eigenen Innern" entspricht harmonische Gestaltung allerdings; aber dieses Harmoniebedürfniss ist von psychischem Wolgefühl sehr verschieden: wir geben harmonischer Gestaltung Beifall, weil wir als vernünftige Intelligenzen die Einstimmung, die einheitliche Bildung dem formlos Zerfahrenen vorziehen, oder weil wir die Welt harmonisch **wollen**. Deswegen nun, weil harmonische Gestaltung ein Gegenbild Dessen ist, was wir innerlich billigen, deswegen ist die Kugel noch nicht „Symbol" (falls man dieses Wort nicht in einem ganz andern als in dem allgemein gültigen Sinn nimmt); Symbol eines ruhigen, seligen in sich

Beschlossenseins könnte sie erst werden, wenn sie mir nicht blos durch ihre absolut harmonische Gestaltung gefiele, sondern mich durch sie zugleich an ein harmonisches seelisches Dasein erinnerte, was aber bei einer Kugel doch allzuweit hergeholt sein möchte. Symbol ist Sinnbild, Erscheinung, die noch etwas Anderes, als sie selbst ist, vor die Vorstellung bringt, wie z. B. ein Löwe Symbol der Kraft ist, weil er an diese specifisch erinnert. Ferner: bestünde die Schönheit blos in der Wiederspiegelung eines Seelenzustandes in einem äussern Objekt, das sein Symbol wäre, so wäre Alles schön und gleich schön, was irgend welchen Seelenzustand symbolisirt, das Zerrissene wäre als Symbol innerer Zerrissenheit so schön, wie das Harmonische. Volkelt selbst behauptet diess wol nicht: schön ist ihm, was Gegenbild eines harmonisch seligen Seelenzustandes ist. Worin liegt nun der Vorzug, den er dem Harmonischen vor dem Zerrissenen gewiss gibt? Entweder muss er pathologisch-eudämonistisch verfahren und sagen: Harmonisches gefällt uns besser als Zerrissenes, weil es uns subjektiv woler ist in einem harmonischen Seelenzustande als in einem zerrissenen und daher auch woler bei einem harmonisch als bei einem zerrissen aussehenden Gegenstande, oder muss er sagen: das Harmonische gefällt uns besser, weil wir als Vernunftwesen das Harmonische dem Zerrissenen vorziehen und somit überall befriedigt sind, wo wir harmonische Gestaltung sehen. Ich gestehe: ich schlage mich auf diese letztere intellektualistisch-kontemplative Seite, weil mir das Schöne noch etwas Anderes ist als das Angenehme. Den Antheil des sonstigen „innern Menschen", namentlich des Gemüths, am ästhetischen Urtheil leugne ich nicht; ich sage z. B. (Ästh. S. 71), das Harmonische gefalle auch deswegen, weil es auf Gefühl und Willen (freilich nicht ohne Mitwirkung der Vernunft) „beruhigend und erquickend wirkt", oder weil es auch ein Postulat oder Ideal des Gemüths realisirt durstellt (vgl. ebd. S. 75); etwas so oder so „Gestaltetes" ist es aber auch da; Schönheit ist nie etwas Anderes als eine Gestaltung (welches Wort ich schon oben S. 24 dem allerdings äusserlichern Fremdwort „Form" gegenüber als das zureichendere bezeichnet habe). Symbol, kann man auch sagen, ist eine Gestalt, welche mir Bild eines Seienden, was und wo es auch sei (in oder ausser mir), ist; Schönheit ist eine Gestaltung, wie sie sein soll vermöge der Forderungen, die wir an die Gestaltung der Dinge erheben, eine Gestaltung, welche uns daher in volle Übereinstimmung oder „Versöhnung" mit den Dingen versetzt, welche sie an sich tragen (vgl. Plank, System des reinen Realismus, S. 446 ff.) [1]).

Lotze sagt in seiner „Geschichte der Ästhetik in Deutschland": „alle Eindrücke des Ebenmasses, des Gleichgewichts, der Harmonie, der Stetigkeit und Konsequenz würden als ästhetische gar nicht für uns vorhanden sein, wenn wir nicht in den Verhältnissen (Formen), von denen wir sie empfangen, die Hindeutung auf das absolut Werthvolle, das Gute, dem sie als Formen dienen, bereits mitempfänden. Wir haben kein ursprüngliches und unabgeleitetes Interesse an den Begriffen der Einheit, der Folgerichtigkeit, der Übereinstimmung und ähnlichen; sobald wir unter diesen Namen nur die Verhältnisse verstehen, welche unser vergleichender Verstand zwischen den Eindrücken findet, ist durchaus kein Grund, warum wir nicht die Uneinigkeit, die Unfolgerichtigkeit und den Streit ihnen gleich setzen oder vielleicht noch interessanter finden sollten. Aber wir empfinden als ganze Geister, nicht blos als denkende Wesen, überall mit, dass alle jene Verhältnisse und ihre Gegensätze in der Welt des Denkbaren nur deshalb vor-

---

1) Gegen die zu weit gehende Steigerung der Bedeutung des Symbolbegriffs kann jetzt auch verglichen werden die gehaltvolle Beurtheilung der Volkelt'schen Schrift von Walter Jen. Litteraturzeitung 1878 nr. 13.

kommen, weil diese Welt der Verwirklichung des Guten und der Möglichkeit seines Gegentheils zu dienen bestimmt ist; deswegen verehren wir das Eine, Stetige, Folgerechte, welches die Form des Guten ist, und tadeln seinen Gegensatz als Form des Bösen". Ich gebe Lotze zu, dass er mit dieser Hinweisung auf das Mitwirken des ethischen Wolgefallens bei dem ästhetischen auf etwas sehr Wichtiges und Weitgreifendes aufmerksam gemacht hat, das z. B. in meiner Ästhetik noch nicht umfassend genug erkannt und ausgesprochen war (vgl. jedoch dort S. 39. 221 ff. u. s.). Allein: dass das Schöne nur deswegen unser geistiges Wolgefallen habe, weil es die Form des Guten ist, und dass Schönheit überhaupt nur geistiges Wolgefallen errege, darin kann ich blos einen zwar edelsinnigen, aber mit der Wirklichkeit nicht kongruirenden Idealismus finden. Eben als „ganze Geister" sympathisiren wir nicht blos mit dem Guten im Schönen, sondern mit aller und jeder Gestaltung der Dinge, welche wir „als Geister" d. h. auch als verständige und vernünftige Wesen billigen. Einheit, Ordnung, Gliederung u. s. w. zieht schon der Verstand der Uneinsheit, Anarchie u. s. w. vor, weil er als logisches Vermögen überall Übersichtlichkeit, Klarheit, Gesetzmässigkeit haben will. Und dann ist ja unter gewissen Voraussetzungen auch das Gegentheil des Guten, z. B. die tragische Verfehlung, schön; auch „die Möglichkeit des Gegentheils des Guten" gehört, wie Lotze selbst sagt, zur „Welt des Denkbaren" und nicht minder zur ästhetischen Welt. Das Gute ist Eine der vielen „Schönheitsformen", und zwar die höchste; ein grosser Mangel der Hegel'schen Philosophie ist gerade auch der, dass sie blos zum Begriff des Lebens und Geistes überhaupt und zu dessen stets in Bewegung befindlicher Entwicklung gelangt, nicht aber das Gute zur höchsten, „absoluten Idee" macht; dieser Fehler spiegelt sich auch in der Hegel'schen Ästhetik mit ihrer Lehre vom Belebt- und

Beseeltsein als der obersten Gestalt des Schönen wieder. Aber das Gute ist nur Eine Form des Schönen; unzählig Schönes gibt es, das mit dem Guten nur in gezwungener Weise in Verbindung gebracht werden kann; schön ist, was man mit Befriedigung sieht, und wenn es auch blos sinnlicher, optischer, akustischer Art ist; wir sind „ganze Menschen", wir geniessen mit Lust Alles, was unsrer äussern und innern Organisation adäquat ist, und so auch jede Anschauung von Erscheinungen, welche so gestaltet sind, dass Etwas an uns, der Sinn, die Einbildungskraft, der Verstand, das Gemüth, in ihnen Das findet, was ihnen selber entsprechend ist und daher von ihnen gerne gesehen wird. Um das Sehen in aller Richtung und Weise und mit all seiner Lust und Freude handelt es sich im ästhetischen Leben; schon das blosse Hinaustreten zum interesselos kontemplativen Schauen in die Welt hinein ist ästhetisches Verhalten; dazu gesellt sich dann, diesem Schauen, welches sonst blosses und bald erlahmendes Sehen „ins Blaue" bliebe, Gehalt und Reiz gebend, hinzu das Beschauen bestimmter Gegenstände und ihrer Gestaltungsformen (m. Ästh. S. 49 ff.), welches sein höchstes Objekt (S. 222. 302) in der real erscheinenden Idee des Guten findet (z. B. in den idealen Schöpfungen aller und jeder Künste, namentlich im ethischen Drama, welches das Gute als unangreifbar siegende und sich behauptende, als unwiderstehbar gegen sein Gegentheil Nemesis übende, obwol Frieden und Versöhnung als das letzte Ziel in Aussicht stellende Macht darstellt). Das Höchste ist nicht das Eine; dass es Schönes gibt, ist freilich auch ein Theil desjenigen Guten, das die Welt uns bietet, aber das Sittlichgute ist ebenso nur ein Theil des Gesammtschönen. Etwas Ethisches ist allerdings in der Schönheit, sofern sie (ob. S. 54) eine von uns als intelligenten Wesen geforderte Gestaltung ist; aber ethisch blos im Sinn des Guten ist sie nicht. Der Ästhetik gehört das unendliche Reich des Anschauens des ganzen und nur in oberster Linie das des sittlichen Universums zu.

Auf den Standpunkt möglichst universeller Betrachtung habe ich mich in meiner Ästhetik bei der Darstellung der allgemeinen Schönheitsformen, desgleichen der speciellern Natur- und Lebensformen durch alle Gebiete hindurch gestellt. Welchen Werth ästhetische Wissenschaft haben soll, wenn sie nicht **Vollständigkeit der Formendarstellung** erstrebt, und zwar so, dass jede Form von der andern **unterschieden**, keine mit einer andern an sich von ihr verschiedenen zusammengeworfen, und ebenso jeder **ihr Recht** angewiesen, keine fälschlich einer andern untergeordnet wird, das bekenne ich nicht einzusehen. Die Mühe ist gross; aber zu gewinnen ist, wie z. B. auch Volkelt in Betreff meiner Darstellung anerkennt, eben dadurch Etwas, dass man sich bestrebt, dem ganzen Umfange des in der Welt ästhetisch Anregenden gerecht zu werden.

Etwas Wesentliches zu ändern habe ich an meiner Darstellung der Formen des Schönen (Ästh. S. 62—312) nicht. Das ethische Element der Schönheit ist allerdings umfassender herauszuheben; und ausserdem ist die „Vielheit" (S. 94) zur „Grösse" (S. 99 ff.) zu ziehen, da sie nur eine Species von dieser, „diskrete Grösse", ist; Gegensatz des Einfachen (S. 94) ist nicht das Viele (als solches), sondern das Zusammengesetzte, wie diess S. 380—441 bei der Betrachtung der Naturformen bereits verbessert ist. Gegen die Anerkennung des Unterschiedes der **quantitativen und qualitativen Formen** (S. 76 ff.) wird man sich nachgerade im ästhetischen Gebiete so wenig als anderswo verschliessen können, um so mehr, als er jetzt auch von Seiten der Herbart'schen Ästhetik in den Vordergrund gestellt ist (Zimmermann S. 36 ff.). Das es ferner **zwei Elemente** schöner Gestaltung gibt (m. Ästh. S. 69 ff.), das der strengen Form und das der freien Lebensregung, ist, wie wir gesehen, auch von Vischer in gewisser Weise zugestanden, sofern er zur Beseeltheit die Harmonie hinzunimmt; schön ist vollbefriedigendes, mangelloses (als mangellos erscheinendes) Sein (ob. S. 18); das aber ist ein Sein eben dadurch, dass es ihm, um mit Schiller (ebd.) zu reden, weder an „Gestalt" noch an Leben fehlt, vielmehr Beides, wenn auch nicht immer und überall zu gleichen Theilen, in ihm vereinigt ist. Eine vollständige Darstellung aller Zweige des Schönen, wie sie auch vor mir, indirekt (in seiner Ästhetik des Hässlichen) von Rosenkranz, direkt von Zeising und Carriere, erstrebt worden ist, wird stets unsere Hauptaufgabe bleiben.